U0794209

高等学校交通运输专业规划教材

高速铁路技规基础教程

薛锋　张守帅　何必胜　左大杰　主编

西南交通大学出版社
·成　都·

图书在版编目（CIP）数据

高速铁路技规基础教程 / 薛锋等主编. —成都：西南交通大学出版社，2022.10
ISBN 978-7-5643-8846-1

Ⅰ. ①高… Ⅱ. ①薛… Ⅲ. ①高速铁路－铁路行车－技术管理－管理规程－中国－高等学校－教材 Ⅳ. ①U29-65

中国版本图书馆 CIP 数据核字（2022）第 146883 号

Gaosu tielu jigui jichu jiaocheng
高速铁路技规基础教程

主　编／薛　锋　张守帅　何必胜　左大杰

责任编辑／宋浩田
封面设计／何东琳设计工作室

西南交通大学出版社出版发行
（四川省成都市金牛区二环路北一段 111 号西南交通大学创新大厦 21 楼　610031）
发行部电话：028-87600564　　028-87600533
网址：http://www.xnjdcbs.com
印刷：四川煤田地质制图印刷厂

成品尺寸　185 mm × 260 mm
印张　10.25　　字数　227 千
版次　2022 年 10 月第 1 版　　印次　2022 年 10 月第 1 次

书号　ISBN 978-7-5643-8846-1
定价　38.00 元

课件咨询电话：028-81435775
图书如有印装质量问题　本社负责退换

【前 言】>>>>

《铁路技术管理规程》（简称《技规》）是依据《中华人民共和国铁路法》《铁路安全管理条例》等有关法律法规制定，是我国铁路技术管理的基本规章。《技规》规定了各部门、各单位、各工种在从事铁路运输生产时，必须遵循的基本原则、责任范围、工作方法、作业程序和相互关系，规定了信号的显示方式和执行要求；明确了铁路工作人员的主要职责和必须具备的基本条件。

《技规》分为高速铁路和普速铁路两部分，与普速铁路相比，由于大量新技术和新设备的投入，高速铁路具有新的技术特点。《铁路技术管理规程（高速铁路部分）》全面构建了高速铁路技术管理体系，不仅能适应当前高速铁路新的技术特点，也为保证高速铁路的运营安全和持续稳定奠定了基础。

当前，我国高速铁路正处于快速发展时期，急需大批高速铁路运营管理方面的技术人员和应用型人才，为适应铁路运输专业发展以及培养相关人才的需要，根据交通运输专业人才培养目标编写了本书。

本书主要内容包括：绪论、技术设备、行车组织基本要求、编组列车、调度指挥、列车运行、限速管理、调车工作、施工维修、灾害天气行车、设备故障行车、非正常行车组织、救援、安全工作、案例分析等。

本书内容由左大杰（负责第一章、第四章的编写）、薛锋（负责第二章、第三章、第五章、第六章、第十四章的编写），何必胜（负责第七章～第十章的编写）、张守帅（负责第十一章、第十二章、第十三章、第十五章的编写）编著而成，全书由薛锋负责统稿。

本书可作为高等院校交通运输相关专业学生的教材使用，也可作为铁路及城市轨道交通行车有关工种工程技术人员的参考书籍。

本书编写过程中参考了诸多相关文献，在此向其作者表示衷心的感谢。

由于铁路技术设备、行车组织理论与实践仍在快速发展中，以及受限于编者水平和能力，本书难免存在不足之处，欢迎批评指正。

编者

2021年10月

【目 录】>>>>

第 1 章 绪论

本章重点：

（1）高速铁路概念。
（2）高速铁路技规管理规程制定的必要性。
（3）高速铁路技规的主要作用及其主要内容。

众所周知，铁路所具有的极高安全性是其重要的技术经济特征之一。但是，铁路列车运行速度可达350 km/h以上，列车质量可达20 000 t以上，具有如此巨大动能、动量的物体，其危险的物理属性是不言而喻的。那么，铁路安全的技术属性又是从何而来的呢？这正是本书将要解决的问题。

第一节 铁路法律法规及规章体系

铁路是由车、机、工、电、辆（车务段、机务段、工务段、电务段、车辆段）以及供电、信息等子系统共同构成的一个复杂大系统。如何组织安全、高效生产是一个复杂的问题，必须有一整套法律法规及规章制度体系予以保证，主要包括法律、行政法规、法规性文件、部门规章、规范性文件等五个层级。

一、铁路法规制度

（一）法律

与铁路运输有关的法律主要包括《中华人民共和国铁路法》（以下简称《铁路法》）、《中华人民共和国安全生产法》（以下简称《安全生产法》）。此外，全国人民代表大会常务委员会涉及铁路法律的决定，最高人民法院、最高人民检察院涉及铁路的解释，也归于此类范畴。

1. 中华人民共和国铁路法

为了保障铁路运输和铁路建设的顺利进行，适应社会主义现代化建设和人民生活的需要，制定了《中华人民共和国铁路法》。

《中华人民共和国铁路法》于1990年9月7日第七届全国人民代表大会常务委员会第十五次会议通过，自1991年5月1日起施行，是我国管理铁路的第一部大法。距今先后经历过两次修订，根据2009年8月27日第十一届全国人民代表大会常务委员会第十次会议《关于修改部分法律的决定》第一次修正；根据2015年4月24日第十二届全国人民代表大会常务委员会第十四次会议《关于修改〈中华人民共和国义务教育法〉等五部法律的决定》第二次修正，也即是当前最新版本。

该法律适用于国家铁路、地方铁路、专用铁路和铁路专用线。

2.《中华人民共和国安全生产法》

第九届全国人民代表大会常务委员会第28次会议审议通过了《中华人民共和国安全生产法》，于2002年11月1日正式实施。

《中华人民共和国安全生产法》是安全生产的专门法律，它确立了我国安全生产的基本法律制度，适用于中国境内所有从事生产经营活动的单位，包括所有矿山、建筑、铁路、民航、交通等行业。消防安全、道路安全、水上交通安全、民用航空安全等相关法律、行政法规另有规定的，从其规定；没有规定的，则适用《中华人民共和国安全生产法》。

2021年6月10日，第十三届全国人民代表大会常务委员会第二十九次会议通过全国人民代表大会常务委员会关于修改《中华人民共和国安全生产法》的决定，本次为第三次修正。

（二）行政法规

行政法规一般由国务院以“条例”的形式发布，如《铁路安全管理条例》《铁路交通事故应急救援和调查处理条例》等。各省级人民政府也能以“条例”的形式发布行政法规，如《四川省铁路安全管理条例》。

1.《铁路安全管理条例》

《铁路安全管理条例》是2013年7月24日国务院第18次常务会议通过，并在2013年8月17日中华人民共和国国务院令第639号公布的文件，自2014年1月1日起施行。该《条例》分总则、铁路建设质量安全、铁路专用设备质量安全、铁路线路安全、铁路运营安全、监督检查、法律责任、附则共计8章108条。该《条例》中第108条决定，自2014年1月1日废止2004年12月27日国务院公布的《铁路运输安全保护条例》。

2.《铁路交通事故应急救援和调查处理条例》

为了加强铁路交通事故的应急救援工作，规范铁路交通事故调查处理，减少人员伤亡和财产损失，保障铁路运输安全和畅通，根据《中华人民共和国铁路法》和其他有关法律的规定，制定了《铁路交通事故应急救援和调查处理条例》。

《铁路交通事故应急救援和调查处理条例》是经2007年6月27日国务院第182次常务会议通过，2007年7月11日中华人民共和国国务院令第501号公布的文件；根据2012年11月9日中华人民共和国国务院令第628号公布、自2013年1月1日起施行的《国务院关于修改和废止部分行政法规的决定》修正。该《条例》分总则、事故等级、事故报告、事故应急救援、事故调查处理、事故赔偿、法律责任、附则8章40条，自2007年9月1日起施行。

（三）法规性文件

法规性文件一般由国务院或国务院办公厅以文件形式印发。

1.《国务院关于改革铁路投融资体制加快推进铁路建设的意见》

铁路是国家重要的基础设施和民生工程，是资源节约型、环境友好型运输方式。改革铁路投融资体制，加快推进铁路建设，对于加快工业化和城镇化进程、带动相关产业发展、拉动投资合理增长、优化交通运输结构、降低社会物流成本、方便人民群众安全出行，都具有不可替代的重要作用。近年来，我国铁路发展取得了显著成就，但与经济社会发展需要、其他交通方式和国外先进水平相比，铁路仍然是综合交通运输体系的薄弱环节，发展相对滞后。当前，铁路管理体制进行了重大改革，实现了政企分开，为深化铁路投融资体制改革，更好地发挥政府和市场的作用，促进铁路持续发展创造了良好条件。为此，国务院2013年8月9日印发了《国务院关于改革铁路投融资体制加快推进铁路建设的意见》（国发〔2013〕33号）。

2.《国务院办公厅关于支持铁路建设实施土地综合开发的意见》

为落实《国务院关于改革铁路投融资体制加快推进铁路建设的意见》（国发〔2013〕33号），实施铁路用地及站场毗邻区域土地综合开发利用政策，支持铁路建设，经国务院同意，2014年7月29日印发了《国务院办公厅关于支持铁路建设实施土地综合开发的意见》（国办发〔2014〕37号）。该意见按照支持铁路建设与新型城镇化相结合、政府引导与市场自主开发相结合、盘活存量铁路用地与综合开发新老站场用地相结合等基本原则，提出了共18条意见，对于实施铁路用地及站场毗邻区域土地综合开发利用具有重要意义，是加快铁路投融资体制改革和铁路建设速度的重要举措。

四、部门规章

部门规章一般由国务院各部委以部令的形式发布。例如：《铁路无线电管理办法》（工业和信息化部交通运输部令2021年第56号）、《高速铁路安全防护管理办法》（交通运输部令2020年第8号）、《铁路机车车辆驾驶人员资格许可办法》（中华人民共和国交通运输部令2019年第43号）、《铁路运输企业准入许可办法》（交通运输部令2014年第19号）、《交通运输部关于修改<铁路运输企业准入许可办法>的决定》（交通运输部令2017年第31号）等。

铁路2013年3月实行政企分开之后，部分部门规章至今仍在沿用，如《铁路交通事故调查处理规则》（铁道部令30号）。

1949年6月2日，铁道部发布第一部《铁路行车事故处理规则》（以下简称《事规》），1949年6月10日施行。此后直至2000年4月28日，同年7月11日执行的第十一部《事规》。在2007年7月11日国务院公布《铁路交通事故应急救援和调查处理条例》之后，铁道部于2007年8月28日公布第十二部《铁路交通事故调查处理规则》（铁道部令第30号），2007年9月1日施行，并沿用至今。

2012年11月9日，中华人民共和国国务院发布第628号令，公布《国务院关于修改和废止部分行政法规的决定》，自2013年1月1日起施行。其中，《铁路交通事故应急救援和调查处理条例》第三十三条被删去。修改为事故造成铁路运输企业承运的货物、包裹、行李损失的，铁路运输企业应当依照《中华人民共和国铁路法》的规定承担赔偿责任。《条例》第三十三条规定的原文是：事故造成铁路旅客人身伤亡和自带行李损失的，铁路运输企业对每名铁路旅客人身伤亡的赔偿责任限额为人民币15万元，对每名铁路旅客自带行李损失的赔偿责任限额为人民币2 000元。

五、规范性文件

规范性文件一般由政府主管部门或行业监督管理部门以文件的形式发布。例如，《国家铁路局关于印发《国家铁路局政府信息公开实施办法（暂行）》的通知》（国铁综〔2013〕27号）、《国家铁路局政府信息公开实施办法》（国铁综〔2019〕21号）等。

违反《铁路安全管理条例》的典型案例如下。

专栏 1-1　南宁铁路安监办发布了16起违反《铁路安全管理条例》的典型案例

学习要求：（1）收集整理《铁路安全管理条例》《广西壮族自治区铁路安全管理条例》两部法规；（2）理解铁路法律法规对于铁路安全工作的重要作用

为加强铁路外部安全环境整治，维护铁路运输安全畅通，南宁铁路安全监督管理办公室（简称“南宁铁路安监办”）于近日公开了违反《铁路安全管理条例》《广西壮族自治区铁路安全管理条例》行为的16起典型案例，对破坏损毁铁路设备设施、高铁入网等7类危及铁路运输安全的行政处罚信息进行了通报。

01 破坏损毁铁路设备设施（共5起）

2021年5月7日，某贸易开发有限公司员工覃某铭聘请劳务人员在果场地块开荒砍树作业，部分树木倾倒损毁南广线K310+380附近高铁防护栅栏刺笼8米，导致栅栏防护功能失效。

该行为违反《铁路安全管理条例》第五十一条“禁止毁坏铁路线路、

站台等设施设备和铁路路基、护坡、排水沟、防护林木、护坡草坪、铁路线路封闭网及其他铁路防护设施”的规定。铁路公安机关依法给予覃某铭罚款1 000元的处罚，并责令贸易开发有限公司赔偿铁路运输单位损失1 180元。

2021年5月11日，南宁市良庆区男子梁某杰驾驶农用车拉运木头时，因操作不当造成邕北下行线K16+780处高铁防护栅栏及刺丝滚笼损毁，随后开车离开现场，未向有关部门报告。

该行为违反《铁路安全管理条例》第五十一条“禁止毁坏铁路线路、站台等设施设备和铁路路基、护坡、排水沟、防护林木、护坡草坪、铁路线路封闭网及其他铁路防护设施”的规定。铁路公安机关依法给予梁某杰行政拘留5日的处罚。

2021年6月20日，钦州市沙坪镇村民仇某任、仇某强，违法在黎钦线K45+700处铁路安全保护区内焚烧衣物、棉被，火势蔓延至铁路栅栏内，导致栅栏网片出现不同程度的损坏，线路区间封锁61分钟。

该行为违反《铁路安全管理条例》第二十九条“禁止在铁路线路安全保护区内烧荒、放养牲畜、种植影响铁路线路安全和行车瞭望的树木等植物”的规定。铁路公安机关依法给予仇某任罚款200元的处罚。

2021年6月21日，广西桂林市全州县男子蒋某建，故意从衡柳线K220+841处公跨铁上跨桥向高铁线路抛掷砖块、杉木等，导致通过该处的旅客列车受阻，严重威胁高铁运输和旅客安全。

该行为严重违反《铁路安全管理条例》第七十七条第（三）款“禁止在铁路线路上放置、遗弃障碍物”的规定。铁路公安机关依法给予蒋某建拘留并采取强制监视等措施。

2021年6月26日，广西隆安县村民黄某、黄某练，破坏南昆铁路K73+600处防护栅栏网片，进入网内砍伐树木。

该行为违反《铁路安全管理条例》第七十七条第（六）款“禁止拆盗、损毁或者擅自移动铁路设施设备、机车车辆配件、标桩、防护设施和安全标志”的规定。铁路公安机关依法分别给予黄某、黄某练二人行政拘留3日的处罚。

02 高铁入网（共2起）

2021年5月14日，广西某通信产业服务有限公司施工维修人员钟某坚，擅自搭梯子攀爬柳南客专K53+700处交通涵，进入高铁封闭区检修通信设备，造成动车组晚点运行。

该行为违反《铁路安全管理条例》第七十七条第（八）款“禁止擅自进入铁路线路封闭区域或者在未设置行人通道的铁路桥梁、隧道通行”的规定，铁路公安机关依法给予钟某坚罚款200元的处罚。南宁铁路安监办依法对该公司负责人进行了安全生产约谈。

2021年6月28日，河南安阳县男子李某乐，擅自攀爬南昆客专K219+350

栅栏进入高铁封闭区行走，造成3列动车组晚点运行。

该行为违反《铁路安全管理条例》第七十七条第（八）款“禁止擅自进入铁路线路封闭区域或者在未设置行人通道的铁路桥梁、隧道通行”的规定。铁路公安机关依法给予李某乐行政拘留7日的处罚。

03 违法施工（共1起）

2021年5月28日8时许，广西贺州兴能电力建设有限公司项目施工负责人黄某胜、罗某辉，在未经铁路部门同意，擅自在益湛线K570 +111处铁路涵洞内挖掘坑穴铺设电缆。

该行为违反《铁路安全管理条例》第三十条“在铁路线路安全保护区内建造建筑物、构筑物等设施，取土、挖砂、挖沟、采空作业或者堆放、悬挂物品，应当征得铁路运输企业同意并签订安全协议，遵守保证铁路安全的国家标准、行业标准和施工安全规范，采取措施防止影响铁路运输安全”的规定。铁路公安机关依法给予黄某胜、罗某辉行政拘留2日的处罚。

04 爬乘列车（共1起）

2021年6月17日，广西宾阳县村民蒙某年，违法在湘桂线邕宁站爬乘25208次货物列车车厢至沙江站回宾阳。

该行为违反《铁路安全管理条例》第七十七条第（十二）款“禁止钻车、扒车、跳车”的规定。铁路公安机关依法给予蒙某年行政拘留5日的处罚。

05 在铁路安保区内放飞无人机（共2起）

2021年5月6日，广西梧州市男子闫某铎，未经审批报备，擅自在南广线梧州南站铁路接触网上空约20米处使用无人机拍摄民房；2021年6月28日，四川隆昌市男子曾某，未经审批报备，擅自使用无人机在钦州东站铁路附近航拍。

该行为违反《广西壮族自治区铁路安全管理条例》三十四条第二项“禁止在铁路电力线路（包括电气化线路供电接触网设备）导线两侧各五百米范围内飞行民用无人驾驶航空器或者升放风筝、气球、孔明灯等低空飘浮物体。确因现场勘查、施工作业需要飞行民用无人驾驶航空器的，应当按照规定获得批准，采取必要的安全防范措施，并提前五个工作日通知铁路运输企业”的规定。铁路公安机关依法分别给予闫某铎、曾某罚款500元的处罚。

06 阻挡车门（共2起）

2021年5月16日，广西柳城县旅客韦某文，乘坐南宁至百色D8463次列车到达田东站时，在列车车门正在关闭时下车，造成列车二次关门晚开；2021年7月19日，广西武鸣区府城镇旅客陶某琴，乘坐南宁东至北海D1793次列车到达合浦站时，在列车车门正在关闭时用行李箱阻挡，造成列车二次关门晚开。

该行为违反《广西壮族自治区铁路安全管理条例》第四十九条第（一）款“禁止干扰检票闸机或者车门开、关，强行进出检票闸门、上下列车”的规定。铁路公安机关依法分别给予韦某文、陶某琴罚款200元的处罚。

07 动车吸烟（共3起）

2021年7月11日，广西贺州市旅客沈某声乘坐贵阳东至广州南D1875次动车。列车到达阳朔站时，沈某声在6号车厢内车门旁吸烟，被列车工作人员发现并制止。

该行为违反《广西壮族自治区铁路安全管理条例》第四十九条第（十）款“在禁止吸烟的列车上、列车的禁烟区域内吸烟或者能够产生烟雾的香烟替代品，以及在动车组列车上使用能够诱发烟雾报警的自带加热食品等”的规定。铁路公安机关依法给予沈某声罚款500元的处罚。

2021年7月12日，广西来宾市旅客覃某斌乘坐怀化南至南宁东D3969次，途径祁阳站至永州站间时，违法在车厢厕所内吸烟，引发列车烟雾报警导致列车降速运行；2021年7月17日，云南省红河州泸西县旅客杨某平，乘坐南宁至百色D3937次列车，违法在厕所内吸烟，引发列车烟雾报警导致列车降速运行。

上述行为违反《广西壮族自治区铁路安全管理条例》第四十九条第（十）款“在禁止吸烟的列车上、列车的禁烟区域内吸烟或者能够产生烟雾的香烟替代品，以及在动车组列车上使用能够诱发烟雾报警的自带加热食品等”的规定。铁路公安机关依法给予覃某斌、杨某平行政拘留5日的处罚。

二、铁路行业规章

（一）铁路技术管理规程

《铁路技术管理规程》（简称《技规》）依据《中华人民共和国铁路法》《铁路运输安全保护条例》等有关法律法规制定，是铁路技术管理的基本规章。铁路其他规章和规范性文件以及各部门、各单位制定的技术管理文件等，都必须符合《铁路技术管理规程》的规定。我国铁路《技规》的编制工作始于中华人民共和国成立，第一版《技规》于1950年1月出版，以后随着中国铁路的不断发展，先后进行过11次修订，当前版本为2017年的修订版。

现行《技规》包括高速铁路和普速铁路两部分，其中：普速铁路部分适用于200 km/h以下的铁路（仅运行动车组列车的铁路除外），高速铁路部分适用于200 km/h以上的铁路以及仅运行动车组列车的铁路。

此外，各铁路局集团有限公司（以下简称“铁路局”）应根据《技规》规定的原则，结合管内具体条件，制定普速铁路《行车组织规则》《车站行车工作细则》《段行车工作细则》和高速铁路《行车组织细则》等规章。

（二）铁路行车组织规则

《铁路行车组织规则》（以下简称《行规》）是根据《铁路技术管理规程》（普速铁路部分）的规定，并结合各局的具体情况和广大职工生产实践经验制定的补充规则，是各局普速铁路行车组织的基本法规。

《行规》一般由总则、用语说明、行车设备、编组列车、调车工作、行车闭塞、列车运行与接发、通信信号、特殊规定、事故救援及应急处理、附则等部分构成，各铁路局集团公司间大同小异。

（三）铁路行车组织规则

《铁路行车组织细则》（以下简称《行细》）是根据《铁路技术管理规程》（高速铁路部分）的规定，并结合各局的具体情况和广大职工生产实践经验制定的补充规则，是各局高速铁路行车组织的基本法规。

《行细》一般由总则、技术设备、行车组织基本要求、编组列车、调度指挥、行车闭塞、接发列车、列车运行、限速管理、调车作业、施工维修、恶劣天气行车、设备故障行车、非正常行车组织、信号显示、附则、重点用语说明等部分构成，各铁路局集团公司间大同小异。

（四）站段工作细则

为切实加强全路基本站段基础工作，进一步完善专业管理，适应基本站段体制改革的工作需要，铁路局集团车站、段归口管理部门负责基本规章制度及上级专业规章制度的细化、落实。车站应制定《车站行车工作细则》（以下简称《站细》）；段根据需要制定《段行车工作细则》（以下简称《段细》）。

1.《车站行车工作细则》

《车站行车工作细则》（简称《站细》）是车站行车工作组织的基本规章，是车站编制日常作业计划，执行接发列车、调车作业和各项技术作业，进行日常运输生产分析总结、铁路局集团下达技术指标任务的主要依据。凡在车站作业的车务、机务、车辆、工务、电务、供电、信息等部门人员必须遵照执行。

《站细》由车站站长会同有关单位，根据规程和有关规定，结合具体情况进行编制和修订。车站技术管理和作业组织应在《站细》中规定，其主要内容包括：

（1）车站技术设备的基本情况及使用、管理规定。

（2）日常作业计划及生产管理制度。

（3）行车组织工作，含接发列车和调车工作。

（4）与行车有关的客运、货运、军事运输工作。

（5）列车技术作业程序和时间标准。

（6）车站通过、改编能力。

（7）作为附件的有关资料：如附注有坡度的车站线路平面图、进站信号机外制动距离内平纵断面图、联锁图表及电气化区段接触网高度分相分段绝缘器位置、驼峰控制系统及厂矿企业在站内作业安全协议。

机务、车辆、工务、电务、供电、通信、信息、房建等单位须及时向车站（车务段）提供有关的技术资料，车站（车务段）应及时将《站细》或有关内容摘录分发给有关处所和单位。凡在车站参加作业的站、段、所等有关人员，均须熟悉和执行《站细》的有关规定。

2.《段行车工作细则》

《段行车工作细则》（简称《段细》），是为进一步加强和规范铁路局集团直属段的管理工作，确保安全生产有序可控，运输组织科学合理，结合车务系统实际，特制定的工作细则。

"段"是铁路局集团下属的铁路运输基层生产单位，各段必须按照《细则》要求，严格接受铁路局集团的监督、检查和管理，确保运输生产的安全、正点和各项运输生产指标的完成。制定《段细》的单位由铁路局集团规定。

第二节 《技规（高速部分）》概述

现行《技规》包括高速铁路和普速铁路两部分，其中：普速铁路部分适用于运行速度200 km/h以下的铁路（仅运行动车组列车的铁路除外），高速铁路部分适用于运行速度200 km/h以上的铁路以及仅运行动车组列车的铁路。本部分内容为高速铁路部分。

一、高速铁路的概念

《铁路安全管理条例》第一百零七条规定：高速铁路是指设计开行时速250 km以上（含预留），并且初期运营时速200 km以上的客运列车专线铁路。

根据国家铁路局规定：新建设计开行速度250 km/h（含预留）及以上动车组列车，初期运营速度不小于200 km/h的客运专线铁路。

根据UIC（国际铁路联盟）规定：新建时速250 km及以上的铁路和既有线经过改造达到时速200 km及以上的铁路。

由上述内容可见，不同的文件对高速铁路的定义不同，国家铁路局的定义与《铁路安全管理条例》类似，但强调线路应当是新建的，且开行的列车为动车组，并将250 km/h以上的线路作为高速铁路。而UIC则将既有线改造的线路也作为高速铁路。

二、《技规（高速部分）》的适用范围

高速铁路部分，适用于运行速度200 km/h及以上的铁路和运行速度200 km/h以下仅

运行动车组列车的铁路。200 km/h客货共线铁路有关货运技术设备的要求参照本规程普速铁路部分执行。

《技规（高速部分）》的适用范围之所以如此规定，主要是考虑到高速铁路普遍采用调度集中控制CTC和列控系统CTCS，这两套技术设备对行车组织方式有极大的影响，采用了该技术设备的线路，即便是速度等级较低，其行车组织方式也和高速铁路相同。

三、《技规（高速部分）》的主要内容

《技规》中高速铁路部分，共三编、25章、498条，规定了国家铁路的基本建设、产品制造、验收交接、使用管理及保养维修方面的基本要求和标准；规定了各部门、各单位、各工种在从事铁路运输生产时，必须遵循的基本原则、责任范围、工作方法、作业程序和相互关系；规定了信号的显示方式和执行要求；规定了铁路建筑限界和机车车辆限界；规定了有关行车凭证和表格的式样。

第一编　技术设备，9章201条。主要对技术设备进行基本规定，提出基本要求，详细的规定和要求由相关专业技术规章明确。高铁部分不含TDCS、驼峰信号；普铁部分含CTCS-2级列控系统，不含CTCS-3级列控系统。

第二编　行车组织，11章258条。高铁部分和普铁部分的写法不同，普铁部分维持了既有的编写模式，高速铁路部分借鉴发达国家铁路规章按场景编写的模式，力求将一个个行车技术作业场景描述清楚、完整，便于工作人员操作执行。

第三编　信号显示，5章39条。高铁部分按进站、出站、进路信号常态点灯、灭灯编写，无响墩及火炬信号，仅有动车组列车标志；普铁部分仍按三显示、四显示编写，保留臂板信号机内容。

总　　则

第一编　技术设备

第一章　基本要求
第二章　线路、桥梁及隧道
第三章　信号、通信
第四章　铁路信息系统
第五章　车站及枢纽
第六章　机车车辆
第七章　供电、给水
第八章　房屋建筑
第九章　铁路用地

第二编　行车组织

第十章　基本要求

第十一章　编组列车

第十二章　调度指挥

第十三章　列车运行

第十四章　限速管理

第十五章　调车工作

第十六章　施工维修

第十七章　灾害天气行车

第十八章　设备故障行车

第十九章　非正常行车组织

第二十章　救援

第三编　信号显示

第二十一章　基本要求

第二十二章　固定信号

第二十三章　移动信号及手信号

第二十四章　信号表示器及标志

第二十五章　听觉信号

专栏 1-2　中国铁路总公司关于印发《铁路技术管理规程》的通知

学习要求：（1）收集整理铁科技〔2008〕222号、铁科技〔2009〕116号、铁科技〔2009〕212号等三个文件；（2）了解《铁路技术管理规程（高速部分）》的发展过程。

中国铁路总公司关于印发《铁路技术管理规程》的通知

总公司所属各单位，各铁路公安局，各铁路公司（筹备组），总公司机关各部门、各直属机构：

《铁路技术管理规程》（技术规章编号：TG/01—2014）已于2014年5月27日经总经理办公会议审议通过，现予以印发（另发单行本），自2014年11月1日起施行。

原铁道部印发的《铁路技术管理规程》（铁道部令第29号）、《铁路技术管理规程第358条修改内容》（铁科技〔2008〕205号）、《铁路200~250 km/h既有线技术管理办法》（铁科技〔2008〕222号）、《铁路客运专线技术管理办法（试行）》（200~250 km/h部分）（铁科技〔2009〕116号）、《铁路客运专线技术管理办法（试行）》（300~350 km/h部分）（铁科技〔2009〕212号）、《〈铁路客运专线技术管理办法（试行）〉修改补充内容》（铁运〔2011〕47号）、《〈铁路客运专线技术管理办法（试行）〉修订补充规定》（铁科技〔2012〕4号）、《京津城际铁路技术管理暂行办法》（铁科技〔2008〕99号）中国铁路总公司同时停止执行。中国铁路总公司印发的《〈铁路客运专线技术管理办法（试行）〉补充规定》（铁总运〔2013〕148号）、《铁路客运专线技术管理办法（试行）补充内容》（铁总运〔2014〕154号）同时废止。

本规程由高速铁路部分和普速铁路部分两本组成，由中国铁路总公司科技管理部负责解释，中国铁道出版社出版发行。各有关单位应根据本规程制定、修改、补充完善相应规章制度，并将执行中的有关情况及时反馈中国铁路总公司科技管理部和运输局。

中国铁路总公司

2014年6月29日

资料来源：摘录于《铁路技术管理规程（高速部分）》

第2章 技术设备

本章重点：

（1）铁路线路。
（2）区间及区间划分。
（3）列车控制系统。
（4）铁路信号。

第一节 铁路线路

高速铁路线路的技术标准与普速铁路差别很大，本节主要针对高速铁路的技术标准展开介绍。

一、基本要求

（一）限界、安全保护区

一切建（构）筑物、设备，均不得侵入铁路建筑限界。与机车车辆有直接互相作用的设备，在使用中不得超过规定的侵入范围。

在设计建（构）筑物或设备时，距钢轨顶面的距离应附加钢轨顶面标高可能的变动量（路基沉降、加厚道床、更换重轨等）。

机车车辆无论空、重状态，均不得超出机车车辆限界。

区间及站内两相邻线路中心线间的最小间隔距离按照直线部分和曲线部分区分。

（1）直线部分。

该部分参考表2-1。

表 2-1 高速铁路线路直线部分线间距

序号	名 称		线间最小距离/mm
1	区间双线	v=160 km/h	4 200
		160 km/h<v≤200 km/h	4 400
		200 km/h<v≤250 km/h	4 600
		250 km/h<v≤300 km/h	4 800
		300 km/h<v≤350 km/h	5 000
2	三线及四线区间的第二线与第三线		5 300
3	站内正线	v≤250 km/h	4 600
		250 km/h<v≤300 km/h	4 800
		300 km/h<v≤350 km/h	5 000
4	站内正线与相邻到发线		5 000
5	到发线与相邻到发线		5 000
6	安全线与其他线路		5 000

注：线间有建（构）筑物或有影响限界的设施，最小线间距按建筑限界计算确定。

进出枢纽或大型车站两端的加减速地段的线间距根据列车运行速度确定；区间正线与站内正线线间距不同时，宜利用邻近曲线完成过渡。

（2）曲线地段线路中心线间水平距离可不加宽。

（二）救援设备

动车组应配备止轮器（铁鞋）、紧急用渡板、应急梯、过渡车钩和专用风管。

（三）灾害保护

铁路应根据沿线的风速、降雨量、降雪量、地震动峰值加速度、地质条件以及线路环境、设计速度等情况，建立相应的自然灾害及异物侵限监测系统，对风雨雪、地震灾害和异物侵限等实时监测报警或预警。

对于常年大风区段，根据需要设置防风设施。

自然灾害及异物侵限监测系统现场监测设备、基站、区间中继站、无人值守变配电所和紧急疏散通道按规定设置防护设施。

二、铁路线路

（一）区间线路

（1）铁路区间线路最小曲线半径规定见表2-2，最大曲线半径为12 000 m。国外高速铁路最小曲线半径值见表2-3。

表 2-2　铁路区间线路最小曲线半径

路段设计行车速度/（km/h）		最小曲线半径/m	
200	客运专线	一般	2 200
		困难	2 000
250	有砟轨道	一般	3 500
		困难	3 000
	无砟轨道	一般	3 200
		困难	2 800
300	有砟轨道	一般	5 000
		困难	4 500
	无砟轨道	一般	5 000
		困难	4 000
350	有砟轨道	一般	7 000
		困难	6 000
	无砟轨道	一般	7 000
		困难	5 500

表 2-3　国外高速铁路最小曲线半径值　　单位：m

	法国		德国	意大利	日本			
	TGV 东南线	TGV 大西洋线			东海道	山阳	东北	上越
一般区间	4 000	6 000	7 000	3 000	2 500	4 000	4 000	4 000
特别困难区间	3 200	4 000	5 100		2 000	3 000		

（2）限速地段曲线半径应符合有关设计规范的规定。

区间正线的最大坡度不宜大于20‰，困难条件下经技术经济比较后不应大于30‰。动车组走行线的最大坡度不宜大于30‰，困难条件下不应大于35‰。当动车组走行线的最大坡度大于30‰时，宜铺设无砟轨道。

（二）车站线路

中间站、越行站应设在直线上。始发站宜设在直线上，困难条件下设在曲线上时，曲线半径不应小于相应路段设计速度的最小曲线半径。

到发线有效长度范围内应设在平道上，当设在坡道上时不大于1‰，越行站可设在不大于6‰的坡道上。车站咽喉区的正线坡度宜与到发线有效长度范围内坡度一致；困难条件下，始发终到站不宜大于2.5‰，中间站不宜大于6‰。到发线有效长度范围内应采用一个坡段。

（三）轨道

1. 轨道基本要求

新建300 km/h及以上铁路、长度超过1 km的隧道及隧道群地段，可采用无砟轨道。

正线及到发线轨道应采用一次铺设跨区间无缝线路，正线钢轨应采用100 m长定尺的60 kg/m钢轨，绝缘接头应采用胶接绝缘接头。高速铁路有砟轨道正线应采用特级碎石道砟。

轨距是钢轨头部踏面下16 mm范围内两股钢轨工作边之间的最小距离。直线轨距标准为1 435 mm。

2. 道岔辙叉号数

道岔辙叉号数选择应符合下列规定：

（1）正线道岔的直向通过速度不应小于路段设计行车速度。

（2）正线与到发线连接应采用18号道岔。两正线间的渡线应按功能需要选用18号及以上道岔。

（3）始发或终到车站以及改、扩建车站，在特别困难条件下，可采用12号道岔。

（4）正线与联络线连接的道岔辙叉号数应按联络线设计行车速度选用，并宜选用大号码道岔。

3. 安全线设置条件

安全线设置条件应符合下列规定：

（1）联络线、动车组走行线与正线接轨时应设置安全线，与到发线接轨时可不设安全线。

（2）维修工区（车间）等线路与到发线或其他站线接轨时，应在接轨处设置安全线。

（3）有折返列车作业的中间站，有动车组长时间停留的到发线两端应设置安全线。

（4）接车线末端、接轨处能利用其他站线及道岔作为隔开设备并有联锁装置时，可不另设安全线。

安全线的设计应符合相关设计规范的要求。

第二节　通信信号

在动车组、机车和轨道车的检修地点应设列控车载设备、机车信号、列车运行监控装置（LKJ）、轨道车运行控制设备（GYK）及车载无线通信设备等的检修与测试场所。

集中联锁车站和自动闭塞区段应装设信号集中监测系统，对信号设备运用状态进行实时监测，实现故障及超限告警。

一、信号

（一）信号的分类

信号机按用途分为进站、出站、通过、进路、复示、调车信号机等。

铁路信号机应采用色灯信号机。

（二）信号机设置

信号机、区间信号标志牌应设在列车运行方向的左侧。反方向运行进站信号机可设在列车运行方向的右侧，其他特殊地段因条件限制，需设于右侧时，须经铁路局批准。

在确定设置信号机地点时，除满足信号显示距离的要求外，还应考虑到该信号机不致被误认为邻线的信号机。

车站必须设进站信号机。进站信号机应设在距进站最外方道岔尖轨尖端（顺向为警冲标）不小于50 m的地点，根据需要可适当延长。

进站信号机及防护分歧道岔的通过信号机外方，无同方向的通过信号机时，应设置预告标。

在车站的正线和到发线上，应设出站信号机。出站信号机应设在每一发车线的警冲标内方（对向道岔为尖轨尖端外方）适当地点。

通过信号机或区间信号标志牌应设在闭塞分区或所间区间的分界处，不应设在牵引供电分相的处所。

高速铁路闭塞分区的划分，应满足动车组列控车载设备按照目标距离模式控车和未装备列控车载设备的列车按四显示自动闭塞行车的要求。

进站信号机前方第一、第二架通过信号机的机柱上，应分别涂三条、一条黑斜线。

二、联锁

（一）联锁基本要求

车站、线路所、动车段（所）应采用计算机联锁设备。计算机联锁设备具备与列控中心（TCC）、信号集中监测系统、调度集中系统（CTC）或列车调度指挥系统（TDCS）的接口功能，在CTCS-3级区段还应具有与无线闭塞中心（RBC）等设备的接口功能。

（二）联锁设备条件

站内正线及到发线上的道岔，均须与有关信号机联锁。区间内正线上的道岔，须与有关信号机或闭塞设备联锁。各种联锁设备应满足下列条件：

（1）当进路上的有关道岔开通位置不对或敌对信号机未关闭时，防护该进路的信号机不能开放。信号机开放后，该进路上的有关道岔不能扳动，其敌对信号机不能开放。

（2）装有转辙机（转换锁闭器）的道岔，当第一连接杆处（分动外锁闭道岔为锁闭杆处）的尖轨与基本轨间、心轨与翼轨间有4 mm及以上水平间隙时，不能锁闭或开放信号机。

集中联锁设备应保证：当进路建立后，该进路上的道岔不能转换；当道岔区段有车占用时，该区段的道岔不能转换；列车进路向占用线路上开通时，有关信号机不能开放（引导信号除外）；能监督是否挤岔，并于挤岔的同时，使防护该进路的信号机自动关闭，被挤道岔未恢复前，有关信号机不能开放。

集中联锁设备，在控制台（或操纵、表示分列式的表示盘及监视器）上应能监督线路与道岔区段是否占用、进路开通及锁闭，复示有关信号机的显示。

三、闭塞

双线区段自动闭塞设备应具备正方向自动闭塞、反方向自动站间闭塞的功能。

区间及无配线车站占用时不应改变区间方向。无配线车站两端同一条线路的区间方向应保持一致

四、调度集中系统

铁路运输指挥应采用调度集中系统（CTC）。

（一）CTC 组成

CTC由铁路局、车站两级构成。调度集中区段，车站应设集中联锁，区间应设自动闭塞或自动站间闭塞。

（二）CTC 功能

CTC应能实时自动采集列车运行及现场信号设备状态信息，并传送到铁路总公司调度指挥中心和铁路局调度所，完成列车运行实时追踪、无线车次号校核、自动报点、正晚点统计分析、交接车自动统计、列车实际运行图自动绘制、阶段计划人工和自动调整、调度命令及列车计划下达、站间透明、行车日志自动生成等功能，还应实现列车编组信息管理、调车作业管理、综合维修管理、列车/调车进路人工和计划自动选排、分散自律控制和临时限速设置等功能。

CTC具备与RBC、GSM-R、临时限速服务器（TSRS）、相邻调度区段的CTC/TDCS、计算机联锁、列控中心、信号集中监测系统、运输调度管理系统（TDMS）的接口能力。

（三）CTC 模式

CTC应具备分散自律控制和非常站控两种模式。分散自律控制模式是通过调度集中设备，实现进路自动和人工办理的模式；非常站控模式是遇行车设备故障、施工、维修需要时，脱离调度集中系统控制转为车站联锁控制台人工办理的模式。

CTC配置独立的处理平台，设备采用冗余配置，通信协议与TDCS一致。CTC采用

独立的业务专网，各级采用双局域网并通过专用数字通道组成双环形广域网。

CTC与GSM-R数字移动通信系统结合，实现调度命令、接车进路预告信息、调车作业通知单等向司机的传送，并能通过无线通信系统获取车次号校核、调车请求及签收回执等信息。

五、机车信号、列车运行监控装置、轨道车运行控制设备

最高运行速度不超过 160 km/h 的机车，机车信号设备与列车运行监控装置（LKJ）结合使用，轨道车等自轮运转特种设备使用轨道车运行控制设备（GYK）。

机车应装设连续式机车信号。机车信号的显示，应与线路上列车接近的地面信号机的显示含义相符。机车停车位置，应以地面信号机或有关停车标志为依据。

（一）列车运行监控装置（LKJ）

列车运行监控装置（LKJ）具有监控、记录、显示及报警等功能。

LKJ软件、基础数据和控制模式设定的管理，按铁路总公司有关规定执行。各机车、动车组运用区段车载数据文件的编制和控制模式的设定和调整，应由铁路局专业机构实施，由铁路局实行集中统一管理。

装备在动车组上的 LKJ 设备应按高于线路允许速度 2 km/h 报警、5 km/h 常用制动、10 km/h 紧急制动设置模式曲线。

LKJ 产生的列车运行记录数据是行车安全分析的重要依据，任何单位和人员不得更改。电务维修机构应妥善保存 LKJ 列车运行记录数据。

（二）轨道车运行控制设备（GYK）

轨道车运行控制设备（GYK）具有轨道电路信息接收、运行监控、警醒、数据记录、语音记录及人机交互等功能。

轨道车运行控制设备（GYK）具有正常监控模式、目视行车模式、调车模式、区间作业模式和非正常行车模式等控制模式。

六、列车运行控制系统

（1）CTCS-3级列控系统基于GSM-R无线通信实现车地信息双向传输，无线闭塞中心生成行车许可，轨道电路实现列车占用检查，应答器实现列车定位，并向下兼容CTCS-2级功能作为后备。

CTCS-2级列控系统基于轨道电路和点式应答器传输行车许可信息，采用目标距离连续速度控制模式监控列车运行，向下兼容LKJ系统作为后备。

运行速度250 km/h及以下时，完全监控模式下CTCS-2 / CTCS-3级列控车载设备应按高于线路允许速度2 km/h报警、5 km/h常用制动、10 km/h紧急制动设置模式曲线。运行速度250 km/h以上时，完全监控模式下CTCS-3级列控车载设备（含CTCS-2级后

备功能）应按高于线路允许速度2 km/h报警、5 km/h常用制动、15 km/h紧急制动设置模式曲线。

（2）列车运行控制系统装备等级根据线路允许速度选用。250 km/h 以下铁路采用 CTCS-2 级列控系统，250 km/h 铁路宜采用 CTCS-3 级列控系统，300 km/h 及以上铁路采用 CTCS-3 级列控系统。

（3）CTCS-3 级列控系统由列控车载设备和地面设备组成。

列控车载设备主要由车载安全计算机、轨道电路信息读取器、应答器信息接收单元、列车接口单元、记录单元、人机界面、GSM-R 无线通信单元等部件组成。

列控地面设备由列控中心、临时限速服务器、ZPW-2000 系列轨道电路、应答器、无线闭塞中心（RBC）、GSM-R 接口设备等组成。

（4）CTCS-2 / CTCS-3 级区段临时限速服务器集中管理列控限速调度命令，具备列控限速调度命令的存储、校验、撤销、拆分、设置、取消的管理功能，具备列控限速设置时机的辅助提示功能。

（5）CTCS-3 级区段应答器提供线路数据、临时限速、过分相、定位、级间转换、公里标、车站名、无线闭塞中心切换等信息。应答器组设置、报文定义及组间距离等应满足列控车载设备控车要求。

（6）CTCS-3 级列控车载设备按 CTCS-3 级控车时的模式有完全监控、引导、目视行车、调车、休眠、隔离和待机等模式；CTCS-3 级列控车载设备按 CTCS-2 级控车时的模式有完全监控、部分监控、引导、目视行车、调车、休眠、隔离、待机和机车信号等模式。

（7）CTCS-3 级列控车载设备的七种模式。

① 完全监控模式是列车的正常运行模式。列控车载设备根据控车数据自动生成目标距离模式曲线，司机依据人机界面显示的列车运行速度、允许速度、目标速度和目标距离等信息控制列车运行。

② 引导模式是在进站或出站建立引导进路后，列控车载设备按照最高限速40 km/h控车的模式。

③ 目视行车模式是司机控车的固定限速模式，限速值为40 km/h。列控车载设备显示停车信号或位置不确定时，在停车状态下司机按规定操作转入目视行车模式。

④ 调车模式是动车组进行调车作业的固定限速模式，限速值为40 km/h。司机按压专用按钮使列控车载设备转入调车模式。只有在列车停车时，司机才可以选择进入或退出调车模式。CTCS-3级控车时，只能在车站内转入调车模式。

⑤ 休眠模式是非本务端车载设备不监控列车运行，但仍执行列车定位、记录等级转换等功能的模式。

⑥ 隔离模式是列控车载设备控制功能停用的模式。列车停车后，根据规定，司机操作隔离装置使列控车载设备转入隔离模式。

⑦ 待机模式是列控车载设备上电后的默认模式。列控车载设备自检和外部设备测试后，自动处于待机模式。在待机模式下，列控车载设备正常接收轨道电路及应答器信息。

（8）CTCS-3级列控车载设备按CTCS-3级控车时七种模式之间的转换见表2-4。

表 2-4　CTCS-3 级列控车载设备按 CTCS-3 级控车时七种模式之间的转换

当前模式＼转换模式	待机模式	完全监控模式	引导模式	目视行车模式	调车模式	休眠模式	隔离模式
待机模式	—	—	人工/停车	人工/停车	人工/停车	人工/停车	人工/停车
完全监控模式	人工/停车	—	人工	人工/停车	人工/停车	—	人工/停车
引导模式	人工/停车	自动	—	人工/停车	人工/停车	—	人工/停车
目视行车模式	人工/停车	自动	人工	—	人工/停车	—	人工/停车
调车模式	人工/停车	—	—	—	—	—	人工/停车
休眠模式	人工/停车	—	—	—	—	—	人工/停车
隔离模式	人工/停车	—	—	—	—	—	—

（9）CTCS-3 级列控车载设备按 CTCS-2 级控车时的部分监控模式，是列控车载设备接收到轨道电路允许行车信息，而缺少应答器提供的线路数据或限速数据时使用的模式。在部分监控模式下，限速值为 45 km/h。

（10）机车信号模式是装备 CTCS-3 级列控车载设备的动车组在 CTCS-0/1 级区段运行时使用的模式。经司机操作后，列控车载设备转为最高限速 80 km/h 控车模式。在机车信号模式下，按地面信号显示运行。

（11）CTCS-3 级列控车载设备按 CTCS-2 级控车时九种模式之间的转换见表 2-5。

表 2-5　CTCS-3 级列控车载设备按 CTCS-2 级控车时九种模式之间的转换

当前模式＼转换模式	待机模式	部分监控模式	完全监控模式	引导模式	目视行车模式	调车模式	休眠模式	隔离模式	机车信号模式
待机模式	—	人工/停车	—	—	人工/停车	人工/停车	人工/停车	人工/停车	人工/停车
部分监控模式	人工/停车	—	自动	自动	人工/停车	人工/停车	—	人工/停车	人工/停车
完全监控模式	人工/停车	自动	—	人工	人工/停车	人工/停车	—	人工/停车	人工/停车
引导模式	人工/停车	自动	自动	—	人工/停车	人工/停车	—	人工/停车	人工/停车

续表

当前模式 \ 转换模式	待机模式	部分监控模式	完全监控模式	引导模式	目视行车模式	调车模式	休眠模式	隔离模式	机车信号模式
目视行车模式	人工/停车	自动	自动	自动	—	人工/停车	—	人工/停车	人工/停车
调车模式	人工/停车	—	—	—	—	—	—	人工/停车	—
休眠模式	人工/停车	—	—	—	—	—	—	人工/停车	—
隔离模式	人工/停车	—	—	—	—	—	—	—	—
机车信号模式	人工/停车	—	—	—	—	—	—	人工/停车	—

（12）CTCS-3 级列控车载设备，在完全监控模式下根据列控地面设备提供的信息，结合动车组运行速度，向动车组提供自动过电分相信息。

（13）CTCS-2 级列控系统由列控车载设备和地面设备组成。

列控车载设备主要由车载安全计算机、轨道电路信息读取器、应答器信息接收单元、列车接口单元、记录单元、人机界面等部件组成。

列控地面设备由列控中心、临时限速服务器、ZPW-2000 系列轨道电路、应答器等设备组成。

（14）CTCS-2 级区段应答器提供线路数据、临时限速、级间转换等信息。应答器组设置、报文定义及组间距离等应满足列控车载设备控车要求。

（15）装备 CTCS-2 级列控车载设备的动车组应装设 LKJ 设备。

（16）CTCS-2 级列控车载设备的控车模式有完全监控、部分监控、引导、目视行车、调车、隔离和待机等模式。

① 完全监控模式是列车的正常运行模式。列控车载设备根据控车数据自动生成目标距离模式曲线，司机依据人机界面显示的列车运行速度、允许速度、目标速度和目标距离等信息控制列车运行。

② 部分监控模式是列控车载设备接收到轨道电路允许行车信息，而缺少应答器提供的线路数据或限速数据时使用的模式。在部分监控模式下，限速值为45 km/h。

③ 引导模式是在进站或出站建立引导进路后，列控车载设备按照最高限速40 km/h控车的模式。

④ 目视行车模式是司机控车的固定限速模式，限速值为40 km/h。列控车载设备显示停车信号停车后，司机按规定操作转入目视行车模式。

⑤ 调车模式是动车组进行调车作业的固定限速模式，限速值为40 km/h。司机按压专用按钮使列控车载设备转入调车模式。只有在列车停车时，司机才可以选择进入或退出调车模式。

⑥ 隔离模式是列控车载设备控制功能停用的模式。列车停车后，根据规定，司机操作隔离装置使列控车载设备转入隔离模式。

⑦ 待机模式是列控车载设备上电后的默认模式。列控车载设备自检后，自动处于待机模式。在待机模式下，列控车载设备正常接收轨道电路及应答器信息。

（17）CTCS-2级列控车载设备七种模式之间的转换见表2-6。

表 2-6　CTCS-2 级列控车载设备七种模式之间的转换

当前模式＼转换模式	待机模式	部分监控模式	完全监控模式	引导模式	目视行车模式	调车模式	隔离模式
待机模式	—	人工/停车	—	—	人工/停车	人工/停车	人工/停车
部分监控模式	人工/停车	—	自动	自动	人工/停车	人工/停车	人工/停车
完全监控模式	人工/停车	自动	—	人工	人工/停车	人工/停车	人工/停车
引导模式	人工/停车	自动	自动	—	人工/停车	人工/停车	人工/停车
目视行车模式	人工/停车	自动	自动	自动	—	人工/停车	人工/停车
调车模式	人工/停车	—	—	—	—	—	人工/停车
隔离模式	人工/停车	—	—	—	—	—	—

第三节　动车组

动车组应有识别的标记：路徽、配属局段简称、车型、车号、定员、自重、载重、全长、最高运行速度、制造厂名和日期、定期修理日期、修程和处所。动车组应有“电化区段严禁攀登”的标识。

动车组应具有列车运行安全监控功能，对重要的运行部件和功能系统进行实时监测、报警和记录，并能及时向动车段、动车所传输。

动车组须配备机车综合无线通信设备（CIR）、列控车载设备、车载自动过电分相装置等，满足相应速度等级运行需要。

专栏2-1

一、事故概况

2019年6月16日上午8时48分，中铁十八局第五工程有限公司高铁施工现场（颍泉区行流镇）在铺设铁轨过程中发生意外事故，导致十多名施工人员遭受不同程度砸伤。官方发布情况通报称，6月16日上午8时40分，商合杭铁路建设工地上发生一起铺轨列车紧急制动造成部分钢轨滑动移位的事故，造成铺轨作业人员被挤伤。据初步调查核实，当日由中铁十八局商合杭铁路站前四标开行的铺轨列车在行至太和—阜阳间下行线DK162+655处（位于颍泉区行流镇境内）发现前方有作业人员，铺轨列车采取紧急制动，造成铺轨列车上的部分钢轨滑动移位，挤伤列车前端乘坐的铺轨作业人员。

二、经验教训

合理规范作业流程，研究部署安全隐患排查治理措施，坚决遏制较大安全生产事故的发生。

第3章 行车组织基本要求

本章重点：

（1）高速铁路行车组织原则。
（2）列车乘务。
（3）车站值守。
（4）对行程有关人员的要求。

第一节 行车组织原则

一、高速铁路行车组织的主要依据

高速铁路行车组织工作，应根据《铁路技术管理规程》（高速部分）的规定办理。

目前我国高速铁路主要行驶的列车为旅客列车，因此，高速铁路一般不开行货物列车。如果需要开行货物列车，则相应的行车组织办法由铁路局根据具体设备情况规定。

铁路局应根据《铁路技术管理规程》（高速部分）规定的原则，结合管内高速铁路行车设备、运输条件、自然环境、地理位置等具体条件，制定高速铁路《行车组织细则》（以下简称《行细》）。《行细》应包括以下主要内容：

（1）《技规》授权由铁路局规定或批准的事项。
（2）中国铁路总公司未作统一规定而需铁路局补充的行车办法。
（3）铁路局针对管内技术设备规定的特殊要求和注意事项。
（4）生产实践中创造的普遍推广的先进经验和行之有效的安全生产措施等。

二、高速铁路的列车运行图

列车运行图是铁路行车组织工作的基础。所有与列车运行有关的铁路各部门，必须按列车运行图的要求，组织本部门的工作，以保证列车按运行图运行。

高速铁路列车运行图应根据客运量、区段通过能力等因素确定列车对数，并符合下列要求：

（1）列车运行、车站间隔、技术作业等时间标准。

（2）迅速、便利地运输旅客。

（3）充分利用通过能力，经济合理地运用机车车辆和安排施工、维修天窗。

（4）做好列车运行线与客流和旅客出行规律的结合。

（5）各站、各区段间的协调和均衡。

（6）合理安排乘务人员作息时间。

机车周转图（高速铁路则为动车组车底周转图）应与列车运行图同时编制。机车周转图不仅确定了机车供应台数，合理地安排了机车交路，使机车运用与列车运行线紧密结合，合理地压缩自、外段停留时间，并且还规定了正常保养和整备作业时间。因此，编好机车周转图也是提高机车运用效率、保证机车质量的重要措施，应与列车运行图同时编制。

三、调度集中分散自律控制模式

调度集中分散自律控制模式分为中心操作方式、车站调车操作方式和车站操作方式。

（1）在中心操作方式下，调度终端具有信号设备的全部控制权，列车调度员对列车及调车进路均有操作权，车站对列车及调车进路均无操作权。

（2）在车站调车操作方式下，列车调度员对列车进路有操作权，对调车进路无操作权。而车站对调车进路有操作权，对列车进路无操作权。

（3）在车站操作方式下，车务终端具有信号设备的全部控制权，车站对列车及调车进路均有操作权，列车调度员对列车及调车进路均无操作权。

车站调度集中基本操作方式由铁路局统一公布。

车站控制是指调度集中区段车站在车站操作方式或非常站控模式下，由车站值班员负责办理列车及调车进路的状态。

四、非常站控转化条件

遇下列情况可转为非常站控模式：

（1）调度集中设备故障时。

（2）行车设备施工、维修需要时。

（3）发生危及行车安全的情况时。

五、高速铁路车站和列车要求

高速铁路车站分为集控站、非集控站。按调度集中基本操作方式，由列车调度员直接办理接发列车作业的车站（线路所）为集控站，其他车站（线路所）为非集控站。

列车是指编成的车列并挂有机车及规定的列车标志。动车组列车为自走行固定编组列车。

单机、大型养路机械及重型轨道车，虽未完全具备列车条件，亦应按列车办理。

旅客列车的尾部标志应使用电灯，动车组以外的旅客列车尾部标志灯的摘挂、保管，由车辆部门负责。对中途转向的动车组以外的旅客列车应有备用标志灯，以备转向时使用。

六、高速铁路行车工作的原则

高速铁路行车组织工作，必须贯彻安全生产的方针。安全是运输有效性的根本性保证，保证安全生产更是铁路运输组织的一贯方针。

坚持高度集中、统一领导的原则。运输、机务、车辆、工务、电务、供电、信息、房建等部门要发扬协作精神，主动配合，紧密联系，协同动作，不断提高效率，挖掘运输潜力，完成或超额完成运输任务。

行车工作必须坚持集中领导、统一指挥、逐级负责的原则。

局与局间由国铁集团，局管内各区段间由铁路局，一个调度区段内由本区段列车调度员统一指挥。

高速铁路列车调度台原则上应独立设置。高速铁路与普速铁路间联络线的行车调度指挥原则上纳入高速铁路调度指挥。

集控站由该区段列车调度员直接指挥转为车站控制时，根据列车调度员指示，由车站值班员指挥。非集控站由车站值班员统一指挥。

列车和单机由司机负责指挥。列车或单机在车站时，所有乘务人员应按列车调度员（车站控制时为车站值班员）的指挥进行工作。

司机等相关人员应直接向列车调度员报告有关行车工作；在非集控站及转为车站控制的集控站，应向车站值班员报告。

第二节 列车乘务

一、列车乘务组

列车应设有列车乘务组。列车乘务组按下列规定组成：

（1）动车组列车应有动车组司机，其他列车应有机车乘务人员。

（2）动车组列车应有随车机械师，其他旅客列车应有车辆乘务人员。

（3）旅客列车应有客运乘务组。

二、动车组列车司机

动车组列车司机既是动车组列车的行车负责人，又是列车的行车指挥者。在乘务作业中，既要带领本组人员严格执行《技规》和操作规程的各项规定，保证列车安全正点运行，良好地完成铁路运输任务，又要负责列车运行中特殊情况的处理，以及区间被迫停车进行防护，与车站、调度所进行联系等工作。动车组列车司机在列车运行中，应做到：

（1）开车前司机要选定机车综合无线通信设备通信模式和运行线路，机车综合无线通信设备、GSM-R手持终端按规定注册列车车次，并确认正确。装备列车运行监控装置的动车组列车还应按规定输入监控装置有关数据。

（2）遵守列车运行图规定的运行时刻和各项允许及限制速度。彻底瞭望，确认信号，认真执行呼唤应答制度，严格按信号显示要求行车，确保列车安全正点。遇有信号显示不明或危及行车和人身安全时，应立即采取减速或停车措施。

（3）机车信号、机车综合无线通信设备、列车运行监控装置、列控车载设备必须全程运转，严禁擅自关机、隔离。

（4）起动稳、加速快、精心操纵，停车准确，按规定鸣笛。

（5）注意操纵台各种仪表及车载信息监控装置的显示。

（6）正常情况在列车运行方向最前端司机室操纵，非操纵端司机室门、窗及各操纵开关、手柄均应置于断开或锁闭位。关闭非操纵端司机室机车综合无线通信设备电源。

（7）动车组列车停车后，必须使列车保持制动状态。更换乘务组（同向换乘除外）或司机室操纵端、使用紧急制动停车、重联或解编后再开车前，必须进行相关试验。

（8）等会列车时，不准关闭辅助电源装置，并应按规定显示列车标志。

（9）向列车有关乘务人员传达列车调度员的有关命令、指示。

（10）将列车运行中发生的问题及使用紧急制动装置的情况，及时报告列车调度员。

三、动车组随车机械师

动车组随车机械师是保障动车组设备安全可靠运行的重要行车岗位，主要担负运行动车组（运营、试验、回送动车组）随车乘务工作，负责保证动车组安全的运行状态，维护正常的车内硬件环境，掌握和传递动车组设备的动态运行信息，应急处理和维修运行中的设备故障，对动车组设施进行日常状态检查和质量交接。

随车机械师应按技术作业过程的规定检查动车组。在列车运行途中，应监控动车组设备技术状态，及时处理车辆故障，经处置确认无法正常运行时，通知司机选择维持运行或停车。随车机械师应配备GSM-R手持终端和无线对讲设备及响墩、火炬、短路铜线、信号旗（灯）等防护用品（只在仅运行动车组列车的线路上运行时可不配备响墩、火炬），在值乘中还应做到：

（1）列车发生紧急制动停车后，联系司机，检查车辆技术状态，可继续运行时通知司机开车。

（2）向司机通报使用紧急制动装置的情况，并协助司机处理有关行车事宜。

四、车辆乘务人员

车辆乘务人员的基本职责是：检查和维修本编组运行中的车辆，使其技术状态经常保持良好，确保安全、正点运行。车辆乘务人员应按技术作业过程的规定检查车辆，并参加制动试验。在列车运行途中，应监控车辆运用状态，及时处理车辆故障，并将本身不能完成的不摘车检修工作预报前方站列检。前方站列检应积极组织人力修复车辆故障，保持原编组运用。是否摘车检修，应由当地列检决定处理。

车辆乘务员应配备GSM-R手持终端和无线对讲设备及响墩、火炬、短路铜线、信号旗（灯）等防护用品，在值乘中还应做到：

（1）列尾装置故障时，列车出发前、停车站进站前和出站后，应按规定与司机核对列车尾部风压。

（2）列车发生紧急制动停车后，联系司机，检查车辆技术状态，可继续运行时通知司机开车。

（3）向司机通报使用紧急制动阀的情况，并协助司机处理有关行车事宜。

五、使用紧急制动阀（紧急制动装置）停车

车辆乘务员、客运乘务组等列车乘务人员发现下列危及行车和人身安全情形时，应使用紧急制动阀（紧急制动装置）停车：

（1）车辆燃轴或重要部件损坏。

（2）列车发生火灾。

（3）有人从列车上坠落或线路内有人死伤。

（4）其他危及行车和人身安全必须紧急停车时。

使用车辆紧急制动阀时，不必先行破封，立即将阀手把向全开位置拉动，直到全开为止，不得停顿和关闭。遇弹簧手把时，在列车完全停车以前，不得松手。在长大下坡道上，必须先看制动主管压力表，如压力表指针已由定压下降100 kPa时，不得再行使用紧急制动阀（遇折角塞门关闭时除外）。

动车组列车遇上述情况时，随车机械师、客运乘务组等列车乘务人员应立即报告司机采取停车措施；来不及报告时，应使用客室紧急制动装置停车。

列车乘务人员应将使用紧急制动阀（紧急制动装置）的情况报告司机。

六、其他人员登乘

机车乘务组以外人员登乘机车时，除铁路机车运用管理规则指定的人员外，须凭登乘机车证登乘。登乘动车组司机室须凭动车组司机室登乘证。

登乘机车、动车组司机室的人员，在不影响乘务人员工作的前提下，经检验准许后方可登乘。

第三节　车站值守

一、车务应急值守人员

集控站设车务应急值守人员，由车务具有车站值班员职名的人员担任。

车务应急值守人员在车站行车室（设置有调度集中车站控制终端的处所）值守。具体值守工作制度由铁路局规定。

集控站由列车调度员负责指挥和办理行车，同时要求在车站行车室设置车务应急值守人员，一是在设备故障、施工维修、非正常等情况下协助列车调度员办理相关作业；二是在集控站转为车站控制时，根据列车调度员指示，担当车站值班员，负责指挥和办理车站有关行车作业。考虑上述作业要求，车务应急值守人员应具有车站值班员职名。

车站行车室设置有通信设备和调度集中及集中联锁操作终端，车务应急值守人员日常在车站行车室值守，以便作业联系和应急处置。考虑到正常情况下车务应急值守人员不参与行车工作，各铁路局作业要求有所差异，因此铁路局要根据具体情况制定值守工作制度，明确责任。

二、车务应急值守人员的主要工作

在正常情况下，车务应急值守人员不参与行车工作（集控站由列车调度员负责指挥和办理行车）。

在设备故障、施工维修、非正常行车等情况下，根据列车调度员指示，车务应急值守人员负责办理以下行车作业：

（1）向司机等相关人员递交书面调度命令。

（2）组织相关人员现场准备进路。

（3）组织相关人员对故障设备进行检查、确认。

（4）按规定对站内到发线停留车辆的防溜措施进行检查、确认。

（5）在特殊情况下与司机办理故障车、事故车有关随车运输票据和回送单据的交接、保管工作。

（6）组织应急救援，完成信息传递和其他需现场了解、检查确认的工作。

电务、工务人员应根据车务应急值守人员指示，协助办理（2）（3）（6）项有关作业。

采用车站调车操作方式的车站，调车进路只能车站办理，车务应急值守人员还应担当调车领导人并负责办理调车进路。

第四节　对行车有关人员的要求

一、主要行车工种岗位准入制度

严格执行高速铁路主要行车工种岗位准入制度。高速铁路主要行车工种岗位人员的选拔，要按照岗位标准的基本素质要求，严格按条件、程序进行。动车组司机、随车机械师等行车工种岗位实行准入制度，必须达到岗位标准的基本素质，按规定的条件和程序选拔的行车人员，方能担当高速铁路的行车工作。

驾驶机车、动车组、自轮运转特种设备（铁路救援起重机除外）的人员，必须持有国家铁路局颁发的驾驶证。变更驾驶机（车）型前，必须经过相应的技术培训并考试合格。

实习和学习驾驶机车、动车组、自轮运转特种设备和操纵信号或重要机械、设备及办理行车作业的人员，必须在正式值乘、值班人员的亲自指导和负责下，方准操作。

二、劳动安全卫生制度

《劳动法》规定：用人单位必须建立健全劳动安全卫生制度。行车有关人员，在任职前必须经过健康检查，身体条件不符合拟任岗位职务要求的，不得上岗作业。在任职期间，要定期进行身体检查，身体条件不符合任职岗位要求的，应调整工作岗位。

三、劳动技能培训、考核与鉴定

行车有关人员，在任职、提职、改职前，必须按照铁路职业技能培训规范和相应岗位培训规范要求，进行拟任岗位资格性培训，并经职业技能鉴定和考试考核，取得相应职业资格证书和岗位培训合格证书后，方可任职。

在任职期间，须按规定参加岗位适应性培训和定期考核鉴定，考核不合格的，不得继续履职。

建立高速铁路主要行车工种岗位人员定期考核鉴定制度。对高速铁路上岗人员，依据个人专业技能水平、安全生产、工作业绩等情况，按照岗位标准要求，进行定期考核鉴定。对经考核不符合岗位要求的人员，及时调整其工作岗位。

四、安全生产与劳动纪律教育

对行车有关人员，应进行日常安全生产知识和劳动纪律的教育、考核，并有计划地组织好在职人员的日常政治和业务技术学习。

行车有关人员，接班前须充分休息，严禁饮酒，如有违反，立即停止其所承担的任务。

五、执行职务时着装及语言要求

行车有关人员在执行职务时，必须坚守岗位，穿着规定的服装，佩戴易于识别的证章或携带相应证件，讲普通话。

六、行车公寓

行车公寓是专为乘务人员服务的生产设施，应按照《铁路行车公寓管理规则》实行规范管理。应有良好的通信、网络（铁路办公网）、叫班管理设备和乘务管理设备，有生活、服务、学习、文娱、健身等设施和接送乘务人员的交通工具。应保证乘务人员随到随宿，不间断地供给热食及开水。室内应有卫浴设施，经常保持适当的室内温度以及整洁和安静的休息条件。室外应绿化、美化。

铁路各级领导应关心公寓工作，铁路局长每半年至少检查一次公寓工作。

专栏3-1

一、事故概况

2008年1月23日20时48分，北京开往四方（青岛）的D59次动车组列车，运行至济南铁路局管内胶济线安丘至昌邑间时，发生重大交通事故，造成18人死亡，9人受伤。事故发生地点是计划于当日22时至次日1时30分进行线路拨接作业的处所。

按施工方案，当日21时起施工范围内列车限速每小时45千米运行。此时，施工作业人员方能进入工点进行施工准备。但中铁十六局部分施工人员提前于20时40分左右擅自强行进入作业区线路。事后调查发现有人砸开封闭门的铁锁，带领工人进入铁路周围，正常情况下，应该由安全员为他们打开铁锁。

正常运行的D59次动车组列车通过时撞倒正在该处进行移动轨道施工的作业人员，导致人员伤亡。

在铁路上施工时，应有防护员在两头防护，有列车到来时，就吹口笛或喇叭，大家先撤到旁边，等列车走后再施工。当天虽然有两个防护员上班，但他们没有尽到应尽的责任，在这次事故发生时，没有吹口笛或喇叭。

二、经验教训

（1）应加强作业管控，做到规范标准，才能避免事故发生。

（2）加强铁路工作人员的管控，有效保证施工作业的安全。

第4章 编组列车

本章重点：

（1）基本要求。
（2）列车中动车的编挂和连挂。
（3）列车中车辆的检查。
（4）货物列车中车辆的编挂。
（5）列车中车辆摘挂的分工。

由于动车组列车是固定编组，由动车组成。与原有的列车由机车、车辆组成有很大不同，因此，在规章中出现的有关机车、车辆的编组要求可参阅《普速铁路技规基础教程》，本书中不再详细论述。

第一节　列车编组及动车的编挂

一、列车编组基本要求

列车应按《技规》和列车运行图规定的编挂条件、重量或长度编组（高速铁路一般不开行货物列车，未再纳入“编组列车应执行列车编组计划”等关于货物列车的要求）。动车组为固定编组。动车组以外的旅客列车按列车编组顺序表编组，行李车、邮政车、发电车等非乘坐旅客的车辆应分别挂于机车后第一位和列车尾部，起隔离作用。

二、单组、重联列车开行要求

单组动车组运用状态下不得解编，两组短编组同型动车组可重联运行。救援等特殊情况下，两组不同型号的动车组可重联运行。

动车组禁止加挂各型机车车辆（无动力调车时的调车机车、救援机车、无动力回送时的本务机车及回送过渡车除外），禁止编入其他列车。

超过检修期限的动车组禁止上线运行（经车辆部门鉴定的回送动车组除外）。

专栏 4-1　高铁 8 号和 9 号车厢不相通？
官方科普：只有“重联动车组列车”不通
学习要求：（1）了解重联动车组的主要特点；（2）了解从12306网站查询动车组是否重联运行的方法。
高铁8号和9号车厢不相通？ 铁路部门为提高运力，会将两列8辆编组动车组联挂运行。因此，虽然重联列车组有16节车厢，但8车和9车并不相通。不过，当所乘坐的列车是16节，甚至17节车厢的长编组车型时，所有车厢便是贯通的。 如何避免同趟车却难相见的尴尬呢？乘客购票前后均可使用铁路12306的App查询列车车型信息，确认所乘车次为17辆超长编组列车中的或重联车型。

三、调车作业要求

列车中车辆的连挂，由调车作业人员负责。软管的连结，由列检作业的始发列车由列检人员负责；无列检作业的，由调车作业人员负责。

动车组采用机车调车作业时，随车机械师或动车段（所）胜任人员负责过渡车钩和专用风管的安装与拆卸，并同时负责电气连接线的连结与摘解并打开车门。调车人员负责车钩连结与摘解、软管摘结。

动车组无动力回送或被救援时，过渡车钩、专用风管的安装与拆卸由随车机械师负责，司机配合。

四、人员要求

列车机车与第一辆车的连挂，由机车乘务员负责。单班单司机值乘的，由列检人员负责；无列检作业的列车，由车辆乘务员负责；无车辆乘务员的列车，由车站人员负责。

列车机车与第一辆车的车钩摘解、软管摘结，由列检人员负责。无列检作业的列车，车钩、软管摘解由机车乘务员（单班单司机值乘的由车辆乘务员）负责，软管连结由车辆乘务员负责；无车辆乘务员的列车，由机车乘务员（单班单司机值乘的由车站人员）负责。

列车机车与第一辆车电气连接线的连结与摘解由客列检作业人员负责，无客列检作业人员时，由车辆乘务员负责。

旅客列车在途中摘挂车辆时，车辆的摘挂和软管摘结，由调车作业人员负责，密封风挡和电气连接线的连结与摘解由车辆乘务员负责，其他由列检作业人员负责，无列检作业人员时，由车辆乘务员负责，必要时打开车门，以便于调车作业。装有密接式车钩的客车车辆摘挂时，过渡车钩的安装与拆卸由列检人员负责，无列检人员时由车辆乘务员负责。

列车机车与动车组过渡车钩的连结与摘解、软管摘结、电气连接线的连结与摘解，由随车机械师负责。

五、车辆引导

两列动车组重联或解编时，由动车组机械师负责引导，司机确认。动车组重联时，被控动车组应退出占用，主控动车组使用调车模式与被控动车组连接。解编操作时，主控动车组转换为调车模式后，必须一次移动5 m以上方可停车。

第二节　列车中车辆的检查

一、列车检查作业

列检作业应按规定范围和技术作业过程进行。应建立车辆故障诊断指导组，对途中车辆故障进行远程诊断、指导和故障处置确认。

动车组运行（含回送）途中不进行客列检作业。

二、车辆要求

车辆编入列车须达到运用状态。主要部件必须作用良好，符合质量要求。自动制动机、人力制动机和货车的自动制动机空重车调整装置状态良好、位置正确。

上线运营的动车组须符合出所质量标准。遇下述情况时，须安排动车组试运行：

（1）新型动车组运营、新线开通前。

（2）动车组新造出厂、高级检修修竣后。

（3）临修更换转向架、轮对、万向轴、主变压器、牵引电机后。

（4）重要部件、软件加装、升级后。

三、制动试验

动车组制动试验规定：

（1）动车组在出段（所）前或折返地点停留出发前需要进行全部制动试验，一级检修作业后的动车组在出发前不再进行全部制动试验。

（2）动车组列车在始发前需在操纵端进行简略制动试验。

（3）动车组列车更换动车组司机（同向换乘除外）或操纵端后，需进行简略制动试验。

（4）动车组列车在途中重联或解编后，开车前需在操纵端进行简略制动试验。

（5）动车组列车使用紧急制动停车后，开车前需进行简略制动试验。

（6）动车组在采用机车救援、无动力回送连挂机车或回送过渡车时，按动车组无动力回送作业办法进行制动性能确认。

动车组不办理编组顺序表交接。动车组以外的旅客列车编组顺序表按以下规定办理交接：

（1）在始发站由车站人员按列车编组顺序表核对现车，无误后，与司机办理交接。

（2）中途换挂机车时，到达司机与车站间、车站与出发司机间办理交接。仅更换机车乘务组时，机车乘务组之间办理交接。

（3）途中摘挂车辆时，车站负责修改列车编组顺序表。

（4）列车到达终到站后，司机与车站办理交接。

车站与司机的交接地点均为机车停留位置。

四、部分动车组的技术参数

动车组长度、重量及最高运行速度如表 4-1 所示

表 4-1　动车组长度、重量及最高运行速度

动车组类型	换算长度	整备重量/t	计算重量/t	最高运行速度/（km/h）
CRH1A-200	19.4	429.7	483.1	200
CRH1A-250	19.4	432.6	483.1	250
CRH1A-A	18.6	431.0	480.0	250
CRH1B	38.8	857.6	961.5	250
CRH1E（不锈钢车体）	38.8	887.8	942.2	250
CRH1E（铝合金车体）	37.2	910.9	987.0 （按座票定员）	250
CRH2A	18.3	375.8	425.9	250
CRH2B	36.5	745.3	846.3	250
CRH2E	36.5	813.1	869.8	250
CRH2E（纵向卧铺车）	37.5	836.2	915.4	250
CRH2G	18.3	393.3	442.3	250
CRH3A	19.1	438.9	487.9	250
CRH5A	19.2	430.0	479.7	250
CRH5G	19.2	429.0	478.0	250
CRH5E	38.0	927.3	999.9	250
CRH2C 一阶段	18.3	381.8	431.9	310
CRH2C 二阶段	18.3	401.5	451.6	350
CRH3C	18.2	432.0	476.6	310/350

续表

动车组类型	换算长度	整备重量/t	计算重量/t	最高运行速度/(km/h)
CRH380A	18.5	411.4	452.3	350
CRH380AL	36.6	836.5	924.4	350
CRH380B	18.5	450.8	495.3	350
CRH380BG	18.5	454.9	499.4	350
CRH380BL	36.3	893.1	977.3	350
CRH380CL	36.4	902.8	987.0	350
CRH380D	19.6	464.7	510.0	350
CR400AF	19.0	427.8	472.3	350
CR400BF	19.0	461.8	506.3	350
CRH6F	18.3	383.4	471.6	160
CRH6A	18.3	382.2	417.9	200

注：CRH3C 型动车组齿轮箱传动比为 2.793 1 时，最高运行速度为 310 km/h；齿轮箱传动比为 2.429 时，最高运行速度为 350 km/h。

专栏 4-2　新概念可变编组动车组年内下线，不再局限 8 辆或 16 辆编组

学习要求：了解可变编组动车组的主要特点，对比分析其与固定编组动车组的优缺点

车厢可增减的新概念动车

【财新网】（记者 路炳阳 孙丽朝）动车组目前按8节或者16节车厢固定编组，未来可否根据市场情况、旅客人数灵活编排车厢？财新记者日前获悉，由中国中车股份有限公司（下称中国中车）研制的可变编组动车组样车将于年内正式下线。此类动车组可像普通客车一样，在2至16节范围内搭配车厢。可变编组动车组以3X为暂定名，最高时速为350 km。

中国可变编组动车组项目负责人、中国中车副总工程师黄俊辉向财新记者透露：2011年中国中车可变编组动车组项目启动，2016年该项目在中国铁路总公司（下称中铁总）科技管理部立项备案。当前，中国中车唐山机车车辆有限公司（下称中车唐客）负责样车的具体生产工作。目前该车已经完成约90%的装配任务，正在进行内饰安装。

黄俊辉表示，3X可变编组动车组样车今年下线后，将尽快提请中铁总进入型式试验，完成60万千米运行考核。他说：“可变编组动车获得制造许可和订单，及至参与中国铁路运营只是时间的问题。”

灵活编组应对客流起伏

黄俊辉向财新记者介绍称，固定编组动车组采用全列动力分散设计，

由两部车头、若干动车和若干拖车编组而成。动车就是提供动力的车厢，拖车就是没有动力的车厢。8节车厢动车组叫作“标准列”，16节车厢动车组称叫作“重联”。这种车由于编组固定、不可拆编，在实际运输中，对高铁运营企业的制约越来越明显。

铁路运输有客流淡旺季之分，春运期间和平时差别巨大；各线路繁忙程度也不同，中西部高铁和东部沿海高铁不能等量齐观。固定编组动车组不能通过增加车厢以应付客流高峰，也不能通过减少车厢以减少支出或避免运力浪费，运能和客流常常形成冲突。

此外，一列动车组由上万个零部件，上百个单元，几十个系统组成，单元组成以上的故障，至少需要几日到几周才能修好。现有动车组如需维护保养，因其不能拆编，所以要整列进行。一个小故障导致整列车入库维修，无疑降低了车辆使用效率。

以更换一块车窗为例。黄俊辉称，工作一般需要2至3天，如果是车头挡风玻璃，则需要10天以上，期间整列动车组无法运营。如果换成可变编组动车组，则只需拆解需要维修的那一节。他预测，可变编组动车组投运后，可帮助运营企业减少备用车50%以上，缓解高铁的盈利压力。

新型车厢可供选择

可变编组动车组面临技术难题，主要集中在集成式牵引动力单元、网络控制系统、通用接口制动系统等方面。黄俊辉，称关键环节均取得突破，并且取得自主知识产权。

他解释说：编组方式如同搭积木，最小编组单元为两节，即2个动力头车相接。如要扩大编组，则根据速度和功率核算出效率的最高搭配，在两车头之间加入动车与拖车，动车始终位于列车两端，拖车位于中间。以这样的形式，就可以组成时速160~350 km、编组数量为2~16辆的任何节数的动车组。

3X型动车组在旅客界面也有非常大的改进，带货运功能的餐车、双层卧铺等车型已有样车。黄俊辉向财新记者介绍，餐车车厢采用双层设计，上层为餐饮区，下层为30 m^3货运舱，可容纳多达6 t的物品，增加了快运服务功能。此外，卧铺车采用铺位纵向布局、商务车座椅可坐卧调节等均为全新设计。

黄俊辉表示：“可变编组动车组完全按照中国动车组标准设计、生产，属于中国标准动车组‘大家庭’的成员”。

西门子同类样车已下线

“两院”院士、西南交通大学教授沈志云表示：“可变编组动车组可以实现超过1 500人的运能，有利于应对春运、暑运，或京沪高铁等线路出现的庞大客流，也可以只用两个车头编组，开出VIP专列。”

他认为，可变编组动车组还可以单独抽出故障车进行修理，或者分解后同时在不同车间分别修理头车、动车和拖车，大幅度降低备用率。这是铁路行业重要技术突破之一。

黄俊辉告诉财新记者："世界范围内，西门子也在研制可变编组动车组。但是由中国中车设计生产的可变编组动车组会更适应国情。"西门子中国的相关人士向财新记者证实上述消息，并称其样车业已下线，定名ICE4，该车可编组5到14节车厢不等的列车，现有五种不同类型的车厢，时速为250 km。这一速度低于中国中车在研车型。

从20世纪80年代初开始，黄俊辉便在哈尔滨铁路局三棵树车辆段从事客车技术工作。2003年，铁道部引进动车组技术，他参加了与阿尔斯通、庞巴迪、西门子等公司的谈判。2009年，黄俊辉着手准备可变编组动车组的研制。2011年，在原中国北车团队的支持下，可变编组动车组项目正式启动。

黄俊辉表示，3X可变编组动车组样车今年下线后，将尽快提请中铁总进入型式试验，完成60万 km运行考核。他说："可变编组动车获得制造许可和订单，及至参与中国铁路运营只是时间的问题。"

第5章 调度指挥

本章重点：

（1）调度日计划。
（2）调度命令。

第一节 调度日计划

一、调度日计划的概念

调度日计划是一日内的运输工作计划，包括列车开行计划和施工、维修计划。调度日计划是日常运输组织工作的基础，是一日运输工作的综合部署，是保证均衡完成运输生产经营和施工任务的前提。

二、调度日计划的主要内容

确定发车权，保证区间行车的安全。

（一）列车开行计划主要内容

（1）列车开行车次。
（2）临时定点列车始发站、终到站、沿途客运业务办理站及其到（发）时分、动车组股道运用计划。
（3）开行动车组列车所对应的车组（型号、车组号）、动车组车底运用方案及路用列车开行计划。
（4）重点事项。

（二）施工计划主要内容

（1）施工编号、等级、项目。

（2）施工日期、作业内容、地点（含线别、区间、车站、股道、道岔、行别、里程）和时间。

（3）施工限速、影响范围、行车方式变化及设备变化。

（4）施工单位（含配合单位）、施工负责人。

（5）路用列车进出区间方案。

（6）区间及站内装卸路料计划。

（三）维修计划主要内容

维修计划主要包括作业项目、地点、时间、作业单位、配合作业单位、作业负责人、影响范围、路用列车进出区间方案等。

三、调度日计划的主要依据

（1）基本列车运行图（包括分号列车运行图）。

（2）有关文件、电报、调度命令。

（3）动车组运用（车型、组数）、检修计划及回送申请。

（4）月度施工计划（含临时文电批复的）及主管业务处提报的施工计划、路用列车开行、设备维修作业计划申请。

第二节　日常运输计划

有关行车人员必须执行列车调度员命令、口头指示，服从调度指挥。

一、列车调度员职责与要求

列车调度员负责组织实现列车运行图、调度日计划，应做到：

（1）检查列车运行图和调度日计划的执行情况，及时发布有关调度命令和口头指示。

（2）严格按列车运行图指挥行车，遇列车发生晚点时，应积极采取措施，组织有关人员恢复正点。

（3）注意列车运行情况，正确、及时地处理临时发生的问题。

二、列车按运输性质的分类和运行等级顺序

（一）按运输性质分类

（1）旅客列车（动车组、特快、快速、普通旅客列车）。

（2）路用列车。

（二）列车运行等级顺序

列车运行等级顺序原则上按速度等级从高到低排序，同速度等级的列车原则上按以下等级顺序：

（1）动车组列车。

（2）特快旅客列车。

（3）快速旅客列车。

（4）普通旅客列车。

（5）路用列车。

开往事故现场救援、抢修、抢救的列车，应优先办理。

对于特殊指定的列车或列车种类，其等级应在指定时确定。

表 5-1　列车运行调整等级顺序

序号	列车类别
1	最高运行速度为 300～350 km/h 动车组旅客（检测）列车（简称动车组，下同）
2	最高运行速度为 200～250 km/h 动车组
3	直达特快旅客列车
4	特快行邮列车
5	特快旅客列车
6	快速旅客列车
7	快速行邮列车
8	普通旅客快车
9	普通旅客慢车
10	行包列车
11	军用列车
12	“五定”班列
13	快运货物列车
14	2 万吨组合重载货物列车
15	1 万吨组合重载货物列车
16	单元重载货物列车
17	直达货物列车
18	直通货物列车
19	冷藏列车

续表

序号	列 车 类 别
20	自备车列车
21	区段货物列车
22	摘挂列车
23	超限超重货物列车
24	小运转列车

第三节　调度命令

一、调度命令基本要求

国铁集团、铁路局调度在组织指挥日常运输工作中，应及时正确发布与运输有关的调度命令，下级调度以及行车有关单位、人员必须执行。

二、调度命令内容

指挥列车运行的命令（运行揭示调度命令除外）和口头指示，只能由列车调度员发布。如遇表 5-2 所列情况，须发布调度命令。

表 5-2　行车调度命令项目表

顺序	命令项目	受令者	
		司机	车站值班员
1	封锁、开通区间		○
2	向封锁区间开行救援列车、路用列车	○	○
3	临时变更或恢复原行车闭塞法		○
4	停止使用基本闭塞法发出列车	○	○
5	双线反方向行车、由双线改为单线或恢复双线行车	○	○
6	变更列车径路	○	○
7	动车组列车在区间被迫停车后返回（退回）后方站	○	○
8	向区间发出停车作业的列车	○	○
9	在车站、区间临时停车上、下人员	○	○
10	列车需临时降弓运行	○	○
11	因行车设备故障、灾害或施工，以及列车中挂有限速的机车车辆等，需要使列车临时限速运行（纳入运行揭示调度命令或本务机车、动车组自身设备原因限速时除外）	○	○

续表

顺序	命令项目	受令者	
		司机	车站值班员
12	动车组列车空调失效需打开部分车门限速运行	○	○
13	车站使用总辅助按钮		○
14	准许列车越过故障的进站、出站、进路信号机或线路所通过信号机（能开放引导信号时除外）	○	○
15	调度日计划以外，临时加开或停运列车（单机除外）	○	○
16	按地面信号显示运行的列车改按天气恶劣难以辨认信号的办法行车或恢复正常行车	○	○
17	动车组列车转入或退出隔离模式（被救援时除外）	○	○
18	动车组列车在列控车载设备控车和 LKJ 控车之间人工转换	○	○
19	越出站界调车	○	○
20	利用天窗施工、维修作业		○
21	施工、维修作业较指定时间延迟结束		○
22	运行揭示调度命令与实际限速、行车方式或设备不符时	○	○
23	正线、到发线接触网停电或送电（接触网倒闸、跳闸后试送电、向中性区送电或弓网故障排查除外）		○
24	正线、到发线接触网停电后准许登顶作业	○	○
25	动车组列车按隔离模式运行需以不超过 80 km/h 的速度越过接触网分相	○	
26	双管供风旅客列车运行途中改为单管供风	○	○
27	列车调度员认为有必要记录的上述以外的命令	有关人员	

注：

（1）划○者为受令人员。

（2）受令者为车站值班员的调度命令，不发给集控站车务应急值守人员；集控站转为车站控制由车站值班员指挥行车时应发给车站值班员，并须将前发有关调度命令一并发给车站值班员。

（3）动车组列车改按 LKJ 方式运行需将列控车载设备隔离时，列车调度员仅发布改按 LKJ 方式行车的调度命令。

（4）仅发给车站值班员的命令只涉及集控站时不发布（转为车站控制时除外）。因调车作业动车组控车模式转换，不发布调度命令。

三、发布调度命令的基本规定

（1）调度命令发布前，应详细了解现场情况，听取有关人员的意见，命令内容、受令处所必须正确、完整、清晰。

（2）使用计算机、传真机发布调度命令时，命令接受人员确认无误后应及时反馈回执。

（3）使用电话发收调度命令时，应填记《调度命令登记簿》（附件 2），指定受令人员中一人复诵，并记明发收人员姓名及时刻。

（4）列车调度员应使用调度命令无线传送系统向司机发布书面调度命令，司机应及时签认接收，不再与列车调度员核对，有疑问时，须立即询问列车调度员。无线传送系统故障时，可按规定使用语音记录装置良好的列车无线调度通信设备发布，司机接到命令后，须与列车调度员核对。由车站交付的调度命令，车站值班员可使用调度命令无线传送系统或按规定使用语音记录装置良好的列车无线调度通信设备向司机转达。

（5）已发布的调度命令，遇有错、漏或变化时，必须取消前发命令，重新发布全部内容的调度命令。

四、发布行车调度命令的规定

（1）调度命令必须在列车进入关系区间（站）前交付；在未确认司机已收到调度命令（得到回执）前，不得开放接发该次列车的出站或进站信号。

（2）作为行车凭证的调度命令，在接发列车进路准备妥当后，方可向司机发布（转达）。

（3）使用调度命令无线传送系统传送行车凭证，列车调度员办理接发列车时，由列车调度员传送，车站值班员办理接发列车时，由车站值班员传送。

（4）对跨铁路局（调度台）的列车，接车局（调度台）列车调度员可委托邻局（调度台）列车调度员转发调度命令，接车局（调度台）要将需转发的调度命令号码和内容发给邻局（调度台），邻局（调度台）将受令情况向接车局（调度台）列车调度员通报。

（5）遇调度命令需跨铁路局（调度台）执行时，发布调度命令的列车调度员须发布给列车担当全区段的调度命令，需要列车运行前方各调度指挥区段掌握和执行的调度命令，还应将调度命令抄知相关调度台。

（6）更换机车或变更限速条件时，应由有关铁路局列车调度员重新发给相关调度命令。途中乘务人员换班时，应将调度命令内容交接清楚。

五、发布施工、维修作业调度命令的规定

（1）列车调度员根据施工、维修日计划及开始作业的请求，发布准许进行施工、维修作业调度命令。

（2）施工作业结束并销记后，列车调度员应及时发布施工作业结束的调度命令。天窗维修作业在指定时间内完成销记时，列车调度员不再发布维修作业结束的调度命令。

（3）施工开通后有第 1，2，3，……列限速要求的列车，由列车调度员单独发布限速调度命令，可不设置列控限速。

（4）因施工提前、延迟或其他原因造成运行揭示调度命令与实际限速、行车方式或设备不符时，列车调度员应取消前发运行揭示调度命令，向有关司机、车站值班员、

施工负责人重新发布全部内容的调度命令，相符时仍按前发运行揭示调度命令执行。

六、发布运行揭示调度命令的规定

（1）运行揭示调度命令是指由调度所施工调度发布的涉及限速、行车方式发生变化和设备变化的调度命令。

（2）运行揭示调度命令应包括时间、地点、因由、速度、行车方式变化、设备变化等内容，机务部门应根据运行揭示调度命令及时将有关内容写入 IC 卡。

（3）发布运行揭示调度命令时，不得含有与受令处所无关的内容和命令。

专栏：

专栏5-1

一、事故概况

2018年8月13日，G04次在京沪高铁廊坊至北京南运行间时发生撞击侵限异物事故，撞上彩钢板，司机立即采取了紧急停车措施，事故直接造成司机室玻璃龟裂，列车车身刮伤，接触网破损，列车受电弓等取流装置损坏。列车断电停水加上无空调，让相当多的乘客心情焦躁并表示出不满，在长达近5 h的停车等待后，到8月13日3时49分，设备故障已经排除，列车恢复运行。13日早晨，官方再次发布消息称，13日7时许，京沪高铁北京南至廊坊间发生设备故障，导致部分列车晚点、停运。铁路部门及时启动应急预案，目前故障已排除，列车运行秩序正在逐步恢复。受其影响，其后的23趟高铁被迫停运：8月13日北京南—上海虹桥G121、G123、G125、G127、G119、G105、G111、G113、G115、G117、G155、G149、G267、G169、G157、G159次列车停运；北京南—青岛G179、G181、G183次列车停运；北京南—福州G55次列车停运；北京南—吉林G383次列车停运；北京南—杭州东G41、G31次列车停运。

二、经验教训

（1）3月12日晚天气情况很差，列车时速近300 km，司机看到侵限异物时再紧急制动肯定已经来不及了，车头与挂在接触网上的彩钢板高速碰撞，列车在时速300 km时进行紧急制动大概耗时在1分钟，列车会滑行2~3 km，这期间受电弓挂上彩钢板会严重拉扯牵引接触网，在这种牵引供电设备与列车受电弓严重损毁的情况下，预期修复时间会超过2 h，而G40次距北京南只有几十公里，应在抢修牵引供电设备及清除侵限异物的同时第一时间采用热备内燃机车牵引救援拖走列车，以节省时间，有效救援。

（2）应急调度组织决策存在问题，据乘客描述先考虑了大巴，后又考虑了从邻线救援，最后变为了内燃机车牵引。G40外，后续几个末班车次除等待设备完全修复以外，还可以在廊坊站下车通过大巴或者调车从廊坊站紧挨着的廊坊北普铁车站把乘客送回北京。总而言之，调度决策应及时有效做出。

第6章 列车运行

本章重点：

（1）自动闭塞。

（2）行车凭证。

（3）接发列车作业。

（4）特殊情况下接发列车。

按照技规的规定，列车运行包括如下内容：①一般要求；②接发列车；③列车被迫停车后的处理；④救援列车的开行；⑤施工及路用列车的开行；⑥轻型车辆及小车的使用；⑦设备检修及故障处理。

第一节 行车闭塞

一、行车闭塞的基本概念

列车运行是以车站、线路所所划分的区间及自动闭塞区间的通过信号机或区间信号标志牌所划分的闭塞分区作间隔。区间及闭塞分区的界限，按下列规定划分。

1. 站间区间

（1）在单线上，车站与车站间以进站信号机柱的中心线为车站与区间的分界线；（2）在双线或多线上，车站与车站间分别以各该线的进站信号机柱或站界标的中心线为车站与区间的分界线。

2. 所间区间

两线路所间或线路所与车站间，以该线上的通过信号机柱的中心线为所间区间的分界线。设有进站信号机的线路所，所间区间的分界方法与站间区间相同。

3. 闭塞分区

自动闭塞区间同方向相邻的两架色灯信号机或区间信号标志牌间，以该线上的通过信号机或区间信号标志牌机柱的中心线为闭塞分区的分界线。

二、基本闭塞法

高速铁路行车基本闭塞法采用下列两种：（1）自动闭塞；（2）自动站间闭塞。

电话闭塞法是当基本闭塞法不能使用时所采用的代用闭塞法。

车站均须装设基本闭塞设备。

三、基本闭塞法无法使用

当基本闭塞法不能使用时，应根据列车调度员的命令采用电话闭塞法行车。基本闭塞法停用按电话闭塞法行车时，动车组列车司机应根据调度命令将列控车载设备转为LKJ方式运行，未装备LKJ的动车组列车转为隔离模式运行。

四、基本闭塞改电话闭塞

遇下列情况，应停止使用基本闭塞法，改用电话闭塞法行车：（1）基本闭塞设备发生故障导致基本闭塞法不能使用时；（2）自动站间闭塞区间，出站信号机故障且引导信号不能开放时发车。

五、改变闭塞方向

自动闭塞区间，遇轨道电路发生故障需使用总辅助按钮改变闭塞方向，由车站办理接发列车时，车站值班员确认区间空闲后，根据列车调度员命令，使用总辅助按钮改变闭塞方向，并在《行车设备检查登记簿》内登记；由列车调度员办理接发列车时，列车调度员确认区间空闲后，使用总辅助按钮改变闭塞方向，并在《行车设备检查登记簿》内登记。

六、自动闭塞

（1）自动闭塞区段，正方向行车，列车按自动闭塞运行；反方向行车，列车按自动站间闭塞运行。

使用自动闭塞法行车，动车组列车在完全监控、引导或部分监控模式下运行时，行车凭证为列控车载设备显示的允许运行的速度值。动车组列车按LKJ方式运行及动车组以外的列车，在信号机常态点灯的区段，进入闭塞分区的行车凭证为出站或通过信号机显示的允许运行的信号；在信号机常态灭灯的区段，进入区间的行车凭证为出站信号机或线路所通过信号机显示的允许运行的信号，信号机应点灯。

在调度集中区段，一个调度区段内可不办理发车预告手续。两相邻调度集中的调度区段间或调度集中区段车站（线路所）向非调度集中区段车站（线路所）发车时，由系统自动办理发车预告，遇设备故障无法自动办理时，人工办理发车预告（相邻调度区段列车运行调整计划一致时可不办理发车预告）。非调度集中区段车站（线路所）向调度集中区段车站（线路所）发车时，车站值班员应向列车调度员（车站控制时为车站值班员）办理发车预告。

（2）在信号机常态点灯的 CTCS-2 级自动闭塞区段，特殊情况下办理发车的行车凭证规定如表 6-1 所示；CTCS-3 级以及信号机常态灭灯的 CTCS-2 级自动闭塞区段，特殊情况下办理发车的行车凭证规定如表 6-2 所示。

表 6-1　信号机常态点灯的 CTCS-2 级自动闭塞区段特殊情况下办理发车的行车凭证表

<table>
<tr><th>序号</th><th>特殊情况</th><th colspan="2">控车方式</th><th>行车凭证</th><th>发给行车凭证的依据</th><th>附带条件</th></tr>
<tr><td>1</td><td rowspan="2">出站信号机（线路所通过信号机）故障时发出列车</td><td>LKJ（GYK）控车</td><td></td><td rowspan="2">调度命令</td><td>1. 确认第一个闭塞分区空闲；
2. 确认道岔位置正确及进路空闲</td><td>以不超过 20 km/h（动车组列车为不超过 40 km/h）速度运行至第一架通过信号机，按其显示的要求执行</td></tr>
<tr><td>2</td><td>隔离模式运行</td><td></td><td>1. 确认区间空闲；
2. 确认道岔位置正确及进路空闲</td><td>以不超过 40 km/h 速度运行至前方站进站信号机（线路所通过信号机）</td></tr>
<tr><td>3</td><td>发车进路信号机故障时发出列车</td><td>LKJ（GYK）控车</td><td></td><td>调度命令</td><td>1. 确认发车进路空闲；
2. 确认道岔位置正确</td><td>以不超过 20 km/h（动车组列车为不超过 40 km/h）速度运行至次一信号机</td></tr>
<tr><td>4</td><td>发车进路信号机故障时发出列车</td><td></td><td>隔离模式运行</td><td>调度命令</td><td>1. 确认发车进路空闲；
2. 确认道岔位置正确</td><td>以不超过 40 km/h 速度运行至次一信号机</td></tr>
<tr><td>5</td><td rowspan="2">区间一架及以上通过信号机故障时发出列车</td><td></td><td>CTCS-2 级控车</td><td>列控车载设备显示的允许运行的速度值</td><td rowspan="2">确认区间空闲</td><td rowspan="2"></td></tr>
<tr><td>6</td><td></td><td>LKJ（GYK）控车</td><td>出站信号机（线路所通过信号机）显示的允许运行的信号</td></tr>
</table>

续表

序号	特殊情况	控车方式		行车凭证	发给行车凭证的依据	附带条件
7	反方向发出列车		CTCS-2级控车	列控车载设备显示的允许运行的速度值	1. 确认区间空闲； 2. 反方向行车的调度命令	
8			LKJ（GYK）控车	出站信号机（线路所通过信号机）显示的允许运行的信号		

表 6-2　CTCS-3 级以及信号机常态灭灯的 CTCS-2 级自动闭塞区段特殊情况下办理发车的行车凭证表

序号	特殊情况	控车方式	地面信号机状态	行车凭证	发给行车凭证的依据	附带条件
1	开放引导信号发出列车	CTCS-3级控车 CTCS-2级控车	灭灯	列控车载设备显示的允许运行的速度值	1. 确认第一个闭塞分区空闲（发车进路信号机开放引导信号时，为确认至次一信号机间空闲）； 2. 确认道岔位置正确及进路空闲	
2		LKJ（GYK）控车	点灯	出站信号机（发车进路信号机、线路所通过信号机）显示的允许运行的信号	1. 确认区间空闲（发车进路信号机开放引导信号时，为确认至次一信号机间空闲）； 2. 确认道岔位置正确及进路空闲	
3	出站信号机（线路所通过信号机）故障且引导信号不能开放时发出列车	LKJ（GYK）控车	点灯	调度命令	1. 确认区间空闲； 2. 确认道岔位置正确及进路空闲	以不超过 40 km/h 速度运行至前方站进站信号机（线路所通过信号机）
4		隔离模式运行				

续表

序号	特殊情况	控车方式	地面信号机状态	行车凭证	发给行车凭证的依据	附带条件
5	发车进路信号机故障且引导信号不能开放时发出列车	LKJ（GYK）控车	点灯	调度命令	1. 确认发车进路空闲； 2. 确认道岔位置正确	以不超过 20 km/h（动车组列车为不超过 40 km/h）速度运行至次一信号机
6		隔离模式运行				以不超过 40 km/h 速度运行至次一信号机
7	区间一个及以上闭塞分区轨道电路红光带时发出列车	CTCS-3级控车 CTCS-2级控车	灭灯	列控车载设备显示的允许运行的速度值	确认区间空闲	
8		LKJ（GYK）控车	点灯	调度命令	1. 确认区间空闲； 2. 确认道岔位置正确及进路空闲	
9	反方向发出列车	CTCS-3级控车 CTCS-2级控车	灭灯	列控车载设备显示的允许运行的速度值	1. 确认区间空闲； 2. 反方向行车的调度命令	
10		LKJ（GYK）控车	点灯	出站信号机（线路所通过信号机）显示的允许运行的信号		

七、自动站间闭塞

（1）使用自动站间闭塞法行车，动车组列车在完全监控、引导或部分监控模式下运行时，行车凭证为列控车载设备显示的允许运行的速度值。动车组列车按 LKJ 方式运行及动车组以外的列车，进入区间的行车凭证为出站信号机或线路所通过信号机显示的允许运行的信号（在信号机常态灭灯的区段，信号机应点灯）。

自动站间闭塞须与集中联锁设备结合使用，自动检查区间空闲，发车站（线路所）

办理发车进路后即自动构成站间闭塞。列车到达接车站（线路所）或返回发车站（线路所）并出清区间后，自动解除闭塞。

人工办理发车进路前，须确认区间空闲、接车站（线路所）未办理同一区间的发车进路。

一个调度区段内可不办理发车预告手续。两相邻调度集中的调度区段间或调度集中区段车站（线路所）向非调度集中区段车站（线路所）发车时，应由系统自动办理发车预告，遇设备故障无法自动办理时，人工办理发车预告（相邻调度区段列车运行调整计划一致时可不办理发车预告）。非调度集中区段车站（线路所）向调度集中区段车站（线路所）发车时，车站值班员应向列车调度员（车站控制时为车站值班员）办理发车预告。

（2）在信号机常态点灯的 CTCS-2 级自动站间闭塞区段，特殊情况下办理发车的行车凭证规定如表 6-3 所示；CTCS-3 级以及信号机常态灭灯的 CTCS-2 级自动站间闭塞区段，特殊情况下办理发车的行车凭证规定如表 6-4 所示。

表 6-3　信号机常态点灯的 CTCS-2 级自动站间闭塞区段特殊情况下办理发车的行车凭证表

序号	特殊情况	控车方式	行车凭证	发给行车凭证的依据	附带条件
1	出站信号机（线路所通过信号机）故障时发出列车	LKJ（GYK）控车	调度命令	1. 确认区间空闲； 2. 确认道岔位置正确及进路空闲	
2		隔离模式运行			以不超过 40 km/h 速度运行至前方站进站信号机（线路所通过信号机）
3	发车进路信号机故障时发出列车	LKJ（GYK）控车	调度命令	1. 确认发车进路空闲； 2. 确认道岔位置正确	以不超过 20 km/h（动车组列车为不超过 40 km/h）速度运行至次一信号机
4		隔离模式运行			以不超过 40 km/h 速度运行至次一信号机
5	反方向发出列车	CTCS-2 级控车	列控车载设备显示的允许运行的速度值	1. 确认区间空闲； 2. 反方向行车的调度命令	
6		LKJ（GYK）控车	出站信号机（线路所通过信号机）显示的允许运行的信号		

表 6-4　CTCS-3 级以及信号机常态灭灯的 CTCS-2 级自动站间闭塞区段特殊情况下办理发车的行车凭证表

<table>
<tr><th>序号</th><th>特殊情况</th><th>控车方式</th><th>地面信号机状态</th><th>行车凭证</th><th>发给行车凭证的依据</th><th>附带条件</th></tr>
<tr><td>1</td><td rowspan="2">开放引导信号发出列车</td><td>CTCS-3 级控车
CTCS-2 级控车</td><td>灭灯</td><td>列控车载设备显示的允许运行的速度值</td><td rowspan="2">1. 确认区间空闲（发车进路信号机开放引导信号时，为确认至次一信号机间空闲）；
2. 确认道岔位置正确及进路空闲</td><td rowspan="2"></td></tr>
<tr><td>2</td><td>LKJ（GYK）控车</td><td>点灯</td><td>出站信号机（发车进路信号机、线路所通过信号机）显示的允许运行的信号</td></tr>
<tr><td>3</td><td rowspan="2">出站信号机（线路所通过信号机）故障且引导信号不能开放时发出列车</td><td>LKJ（GYK）控车</td><td rowspan="2">点灯</td><td rowspan="2">调度命令</td><td rowspan="2">1. 确认区间空闲；
2. 确认道岔位置正确及进路空闲</td><td></td></tr>
<tr><td>4</td><td>隔离模式运行</td><td>以不超过 40 km/h 速度运行至前方站进站信号机（线路所通过信号机）</td></tr>
<tr><td>5</td><td rowspan="2">发车进路信号机故障且引导信号不能开放时发出列车</td><td>LKJ（GYK）控车</td><td rowspan="2">点灯</td><td rowspan="2">调度命令</td><td rowspan="2">1. 确认发车进路空闲；
2. 确认道岔位置正确</td><td>以不超过 20 km/h（动车组列车为不超过 40 km/h）速度运行至次一信号机</td></tr>
<tr><td>6</td><td>隔离模式运行</td><td>以不超过 40 km/h 速度运行至次一信号机</td></tr>
<tr><td>7</td><td rowspan="2">反方向发出列车</td><td>CTCS-3 级控车
CTCS-2 级控车</td><td>灭灯</td><td>列控车载设备显示的允许运行的速度值</td><td rowspan="2">1. 确认区间空闲；
2. 反方向行车的调度命令</td><td rowspan="2"></td></tr>
<tr><td>8</td><td>LKJ（GYK）控车</td><td>点灯</td><td>出站信号机（线路所通过信号机）显示的允许运行的信号</td></tr>
</table>

八、电话闭塞

（1）使用电话闭塞法行车时，列车占用区间的行车凭证为调度命令（注意，普速铁路为路票）。

列车调度员办理发车时，应查明区间空闲，接车站（线路所）为车站控制或邻台列车调度员控制时，还应取得其承认的电话记录号码（双线正方向首列后发车为取得前次列车到达的电话记录号码）；在发车进路准备妥当后，方可发布作为行车凭证的调度命令。

车站值班员办理发车时，应查明区间空闲，并取得接车站（线路所）承认的电话记录号码，但双线正方向首列后发车为取得前次列车到达的电话记录号码（办理发车及接车的车站、线路所为同一车站值班员指挥时不办理电话记录号码），在发车进路准备妥当后，方可向列车调度员报告，请求发布作为行车凭证的调度命令。

（2）办理电话闭塞时，下列各项应发出电话记录号码（办理发车及接车的车站、线路所为同一车站值班员或列车调度员指挥时除外），并做好记录：①承认闭塞；②列车到达；③取消闭塞。

电话记录号码自每日0时起至24时止，按日循环编号，编号办法由铁路局规定。

第二节　接发列车

一、动车组列车发车、接车作业

（1）动车组列车由列车长确认旅客上下完毕后，通知司机关闭车门；列车进站停车时，司机按动车组停车位置标停车，确认列车停稳、对准停车位置后开启车门。按钮不在司机操作台上的，由列车长通知随车机械师关闭车门；列车到站停稳后，由随车机械师开启车门。如自动开关门装置故障或特殊情况需单独开关车门时，由司机通知列车工作人员手动开关车门。

（2）动车组列车在车站出发，动车组列车司机在确认行车凭证和开车时间，车门关闭后，即可起动列车。动车组以外的其他列车在车站出发，司机确认行车凭证正确，发车条件完备后，直接起动列车；办理客运业务时，车站客运人员确认旅客乘降、上水、行包装卸完毕后，通过无线对讲设备通知司机，司机须得到车站客运人员的报告后，方可起动列车。

（3）接发列车工作内容：车站应不间断地接发列车，严格按列车运行图行车。

车站值班员办理接发列车（列车调度员人工办理接发列车）时，应亲自办理闭塞、布置进路（包括听取进路准备妥当的报告）、开闭信号、交接凭证。由于设备或业务量关系，车站值班员除布置进路（包括听取进路准备妥当的报告）外，其他各项工作可指派信号员或其他人员办理；列车调度员人工办理接发列车时，除办理闭塞、布置进路（包括听取进路准备妥当的报告）外，其他各项工作可指派车务应急值守人员或其他人员办理。

二、人工办理进路

（1）人工办理进路接车前，必须亲自或通过有关人员确认接车线路空闲、影响进路的调车作业已经停止后，方可准备进路、开放进站信号机，准备接车；人工办理进路发车前，确认影响进路的调车作业已经停止后，方可准备进路、开放出站信号机，交付行车凭证。

（2）下达准备接发车进路命令时，必须简明清楚，正确及时，讲清车次和占用线路（一端有两个及以上列车运行方向或双线反方向行车时，应讲清方向、线别），并要受令人复诵，核对无误。

（3）人工准备进路时，应严格按照接发列车命令、调车作业计划执行。

在扳动道岔、操纵信号时，认真执行"一看、二扳（按）、三确认、四显示（呼唤）"制度；对进路上不该扳动的道岔，也应认真进行确认。其他人员接发列车进路准备完了后，应及时报告车站值班员或列车调度员（能从设备上确认的除外）。

（4）人工办理时，开放信号机的时机在高速铁路《行车组织细则》中规定。

出站信号机已开放或行车凭证已交付，如需取消发车进路，列车调度员（车站控制时为车站值班员）应与司机联系，确认列车尚未起动，收回行车凭证后，再取消发车进路。

三、同时接发列车

（1）进站信号机外制动距离内，进站方向为超过 6‰的下坡道，而接车线末端无隔开设备时，禁止办理相对方向同时接车和同方向同时发接列车（仅运行动车组列车的区段除外），如图 6-1 和图 6-2 所示。

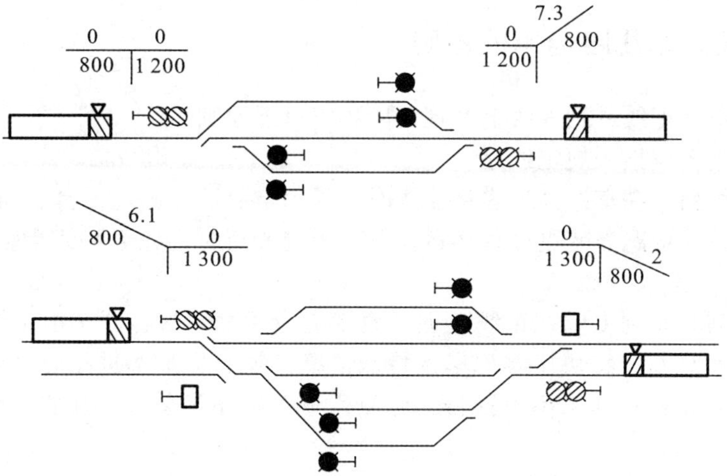

图 6-1　禁止相对方向同时接车示意图

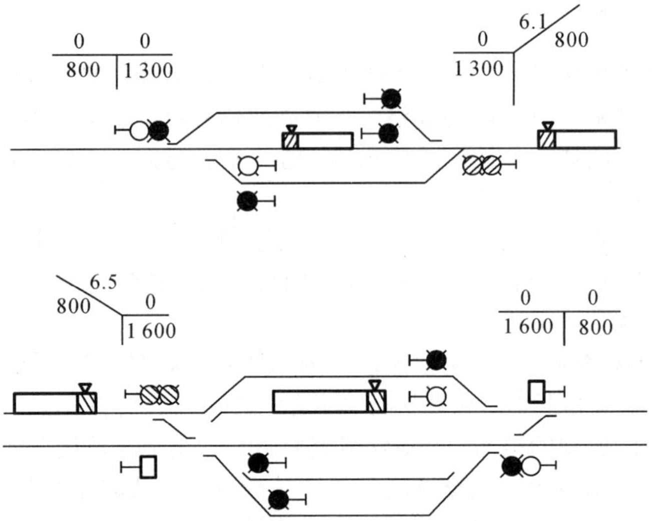

图 6-2　禁止同方向同时发接列车示意图

（2）在接发列车的同时，接入列控车载设备及列车运行监控装置均故障的动车组列车、制动力部分切除的动车组列车、列车运行监控装置或轨道车运行控制设备故障的其他列车，而接车线末端无隔开设备时，禁止办理相对方向同时接车和同方向同时发接列车。

（3）相对方向不能同时接车时，应先接不适于在站外停车的列车、停车后起动困难的列车或后面有续行列车的列车。

（4）遇两列车不能同时接发时，原则上应按列车运行计划顺序接发。

四、接发列车线路运用的原则

接发列车应在正线或到发线上办理，应遵守以下原则：

（1）旅客列车应接入规定线路。

（2）动车组列车在车站办理客运业务时，须固定股道、固定站台、固定停车位置。动车组列车遇特殊情况需变更办理客运业务的固定股道时，须经调度所值班主任（值班副主任）准许。

（3）通过列车原则上应在正线办理。原规定为通过的旅客列车由正线变更为到发线接车及动车组列车、特快旅客列车遇特殊情况必须变更基本进路时，须经列车调度员准许，并预告司机；如来不及预告，应使列车在站外停车后，开放信号机，再接入站内。

（4）动车组列车按列控车载设备方式行车时，禁止在未设置列控信息的股道及进路上接发。

五、特殊情况下邻线限速

在动车组列车运行时段内，特殊情况需开行路用、救援列车（利用动车组、单机担当救援时除外）时，列车调度员口头通知邻线会车范围内运行的动车组列车司机限速160 km/h运行。

六、列车调度员工作

（1）列车调度员（车站控制时为车站值班员）应保证有不间断接车的空闲线路。

（2）在站内无空闲线路的特殊情况下，只准许接入为排除故障、事故救援、疏解车辆等所需要的救援列车、不挂车的单机及重型轨道车。上述列车均应在进站信号机外停车，由列车调度员（车站控制时为车站值班员）指定的胜任人员向司机通知事由后，以调车手信号旗（灯）将列车领入站内。

七、列车停止位置

列车进站后，应停于接车线警冲标内方。

在设有出站（进路）信号机的线路，列车头部不得越过出站（进路）信号机。

如列车尾部停在警冲标外方或压轨道绝缘时，列车调度员（车站控制时为车站值班员）应使用列车无线调度通信设备等通知司机，使列车向前移动。

八、引导信号

进站、接车进路信号机不能使用时，应使用引导信号。

引导信号无法使用时，列车调度员应向司机发布调度命令，司机根据调度命令越过该信号机。

引导接车时，列车以不超过20 km/h（动车组列车为不超过40 km/h）的速度进站，并做好随时停车的准备。

在无联锁的线路上接发列车时，除严格按接发列车手续办理外，还应将进路上无联锁的道岔及邻线上防护道岔加锁。进路上无联锁的分动外锁闭道岔无论对向或顺向，均应对密贴尖轨、斥离尖轨和可动心轨加锁。具体加锁办法由铁路局规定。

九、列车临时停车

列车在站内临时停车，待停车原因消除且继续运行时，应按下列规定办理：

（1）司机主动停车时，自行起动列车。

（2）其他列车乘务人员使用紧急制动装置（紧急制动阀）停车时，由随车机械师

（车辆乘务员）通知司机开车。

（3）列车调度员（车站值班员）使列车在站内临时停车时，由列车调度员（车站值班员）通知司机开车。

（4）其他原因的临时停车，列车调度员（车站值班员）应组织司机、随车机械师（车辆乘务员）等查明停车原因，在列车具备运行条件后，由列车调度员（车站值班员）通知司机开车。

上述第（1）（2）（4）项列车停车后，司机应立即报告列车调度员（车站值班员），并说明停车原因。

十、车站控制模式

在非正常情况下，集控站转为车站控制时，车务应急值守人员应报告站段指派胜任人员赶赴现场，协助做好非正常行车工作。

除因危及行车安全必须立即转换为非常站控外，列车调度员提出需转为非常站控时，须经调度所值班主任（值班副主任）准许。

转为非常站控时，车务应急值守人员和列车调度员须在《CTC 控制模式转换登记簿》［见《技规》（高速部分）附件 3］内登记，记明转换的原因；车务应急值守人员与列车调度员核对设备状况、站内停留车情况、列车运行计划、邻站（线路所）控制模式及与本站（线路所）有关的调度命令等情况。转为非常站控后，应通知司机车站（线路所）转为非常站控。

转为非常站控的原因消除后，双方在《CTC 控制模式转换登记簿》［见《技规》（高速部分）附件 3］内登记，并及时转回。

十一、动车组隔离模式动车

动车组列车按隔离模式由车站（线路所）开往区间时，须按站间组织行车，列车按地面信号显示运行，待该列车到达前方站（线路所）后方可放行后续列车。

第三节　列车运行

一、邻线列车限速

列车在区间停车需下车处理时，列车调度员发布邻线列车限速 160 km/h 及以下的调度命令，限速位置按停车列车位置前后各 1 km 确定；司机在接到列车调度员已发布相关调度命令的口头指示后，通知有关作业人员办理。需组织旅客疏散时，必须扣停邻线列车；司机在接到列车调度员已扣停邻线列车的口头指示后，通知有关作业人员办理。

二、列车运行限制速度

（1）列车（动车组列车按列控车载设备方式行车时除外）运行限制速度规定如表6-5所示。

表 6-5 列车运行限制速度表

项　目	速度/（km/h）
四显示自动闭塞区段通过显示绿黄色灯光的信号机	在前方第三架信号机前能停车的速度
通过显示黄色灯光的信号机	在次一架信号机前能停车的速度
通过显示一个黄色闪光灯光和一个黄色灯光的信号机	该信号机防护进路上道岔侧向的允许通过速度
通过减速地点标	按运行揭示或行车调度命令执行，未收到命令为25
推进	30
退行	15
接入站内尽头线，自进入该线起	30

（2）动车组列车按隔离模式运行时，运行速度不超过 40 km/h。在越过接触网分相有困难的特殊情况下，列车调度员可根据司机请求发布调度命令，列车以不超过 80 km/h 的速度越过接触网分相。

（3）动车组一般情况下不得通过曲线半径小于 250 m 的曲线，通过曲线半径为 300 m 曲线时，限速 35 km/h；通过曲线半径为 250 m 曲线时，限速 30 km/h；特殊情况通过曲线半径为 200 m 的曲线时，限速 25 km/h；通过 6 号对称双开道岔时，限速 15 km/h；不得侧向通过小于 9 号的单开道岔和小于 6 号的对称双开道岔。

第四节　跨线运行

一、未装备LKJ的动车组列车在CTCS-0/1级区段运行

当未装备 LKJ 的动车组列车在 CTCS-0/1 级区段按机车信号模式运行时，列车按地面信号机显示运行，最高运行速度不超过 80 km/h。低于 80 km/h 的限速按调度命令执行，线路允许速度低于 80 km/h 的区段由司机控制列车运行速度。

二、动车组列车在CTCS-2级区段与CTCS-0/1级区段级间自动转换

动车组列车在 CTCS-2 级区段与 CTCS-0/1 级区段级间自动转换失败时，司机应立

即报告列车调度员（车站值班员），并按下述规定办理：

由 CTCS-2 级区段向 CTCS-0/1 级区段运行时，停车后根据调度命令手动转换。

由 CTCS-0/1 级区段向 CTCS-2 级区段运行时，可维持按 LKJ 方式继续运行。

三、动车组列车在 CTCS-3 级区段与 CTCS-2 级区段级间自动转换

动车组列车在 CTCS-3 级区段与 CTCS-2 级区段级间自动转换失败时，司机应立即报告列车调度员（车站值班员），并按下述规定办理：

由 CTCS-3 级区段向 CTCS-2 级区段运行时，停车后手动转换。

由 CTCS-2 级区段向 CTCS-3 级区段运行时，维持 CTCS-2 级方式继续运行。

四、跨线运行行车凭证

高速铁路车站（线路所）向衔接的其他线路车站（线路所）发出列车时，有关行车凭证按高速铁路规定执行；高速铁路衔接的其他线路车站（线路所）向高速铁路车站（线路所）发出列车时，有关行车凭证按其他线路规定执行。

第五节　车底回送

（1）动车组回送按旅客列车办理，原则上采用自走行方式。无动力回送时可根据回送技术条件加挂回送过渡车，使用客运机车牵引，回送过渡车须挂于机后第一位。8 辆编组的动车组可两列重联回送。未装备 LKJ 的动车组需在 CTCS-0/1 级区段回送时，应采取无动力回送方式。

（2）动车组回送运行时，须安排动车组司机及随车机械师值乘。有动力回送时，非担当区段应指派带道人员。

（3）动车组回送不进行客列检作业。

（4）动车组安装过渡车钩回送时，按规定限速运行，尽可能避免实施紧急制动。发生紧急制动后，本务司机必须通知随车机械师，经随车机械师检查过渡车钩状态良好后方可继续运行。

（5）动车组回送时，相关动车段（所）、造修单位应提出限速、回送方式（有动力、无动力）、可否折角运行等注意事项。

专栏6-1
一、事故概况 2007年4月20日下午6时30分，由沈阳北站发往北京站的D12次列车，因出现机械性故障，晚点一个半小时才发车，出发10 min后，再次发生故障停车，在维修人员排除故障几分钟后重新上路。故障造成该列车晚点到京一个

多小时。由于车上空调系统同时出现故障，5节车厢内的400多名乘客中有许多人因难以忍受闷热，不得不走出车厢，在站台上站着休息。

二、经验教训

系统间不匹配：列车运行中无论是线路、供电、信号以及动车组的任何一个系统，或各系统之间的接合部出现不匹配的问题，列车都会采取自动保护措施，导致停车，从而造成列车晚点。

第7章 限速管理

本章重点：

（1）临时限速管理。
（2）列控限速管理。

第一节 临时限速管理

一、临时限速基本要求

列车需临时限速时，应由有关单位（人员）提出限速申请或由自然灾害及异物侵限监测系统报警提示。

列车调度员应按规定发布临时限速调度命令，并设置列控限速（针对某一列车的限速除外）。

来不及时，应立即通知司机限速运行，司机按列车调度员通知的限速要求控制列车运行。为保证列车运行安全，对于已经进入限速区间的列车，要及时通知相关限速要求。

在同一处所（地段），当多个单位、自然灾害及异物侵限监测系统提出的限速要求不一致时，列车调度员按最低限速值发布临时限速调度命令。

二、运行揭示调度命令

（一）临时限速转为运行揭示调度命令发布

对于24 h内不能取消的临时限速，限速登记单位或设备管理单位应提出限速申请，报告主管业务处，由主管业务处审核后提交调度所发布运行揭示调度命令。列车调度员确认在途列车司机已收到该运行揭示调度命令后，方可不再向该列车司机发布临时限速调度命令。

转换的原因：限速调度命令对于不同控车模式的列车发布形式是不同的。CTCS-2

和CTCS-3级控车的列车等通过应答器或RBC实时传递临时限速的调度命令，但是LKJ或GYK方式控车的列车有司机，存在漏传、漏交调度命令等安全隐患。

（二）运行揭示调度命限速变更

需变更已纳入运行揭示调度命令管理的限速时，设备管理单位应及时登记，同时向铁路局主管业务处提出新的限速条件或恢复常速申请，调度所根据主管业务处提出的申请，重新发布运行揭示调度命令。

第二节　列控限速管理

（1）列控限速。

① 用于列车运行控制系统的限速设置（数据格式）称为列控限速。列控限速由列车调度员通过CTC进行设置或取消，并采用双重口令，由列控系统执行。

② 列控限速数据包括线路号、相关受令车站、限速位置、限速值、限速执行方式、限速开始和结束时间等，侧线列控限速应增加车站号信息。

③ 列控中心控制的每个有源应答器只管辖一定范围内的限速，限速区可以设置在区间、站内正线、站内侧线或区间跨站内正线。

（2）列控限速设置。

① 列控限速按档分为不同的限速等级，最低为45 km/h。

② 设置列控限速时，应按照不高于限速值的原则选择相应限速等级进行设置，但低于45 km/h的限速按45 km/h设置。

③ 列控限速的设置和取消按规定流程办理。

（3）如调度命令的限速值低于列控车载设备显示的目标速度时，动车组列车司机应按调度命令控制列车运行。遇实际限速与运行揭示调度命令（临时限速调度命令）限速相符，而列控限速归档造成列控限速与运行揭示调度命令（临时限速调度命令）限速不符时，列车调度员不再向动车组列车司机发布临时限速调度命令。

（4）对低于45 km/h的限速，装备LKJ的动车组列车，限速命令已写入IC卡时，动车组列车司机应根据调度命令在限速地段前一站停车改按LKJ方式运行，司机按限速调度命令和LKJ设置控制列车通过限速地段；未写入IC卡时，动车组列车司机应根据限速调度命令人工控制列车通过限速地段。未装备LKJ的动车组列车，动车组列车司机应根据限速调度命令人工控制列车通过限速地段。

（5）列控限速设置不成功时的处理

① 对装备LKJ的动车组列车，列控限速设置不成功时，列车调度员应关闭（车站控制时为通知车站值班员关闭）进入该限速地段前一站的出站信号，发布动车组列车改按LKJ方式行车的调度命令。司机在该站停车转换为LKJ方式，按以下方式运行。

动车组列车司机在出乘前已收到该限速的运行揭示调度命令时，列车调度员与司机核对限速的运行揭示调度命令无误后，方可放行列车，司机按运行揭示调度命令和LKJ

设置控制列车运行速度，通过限速地段。

动车组列车司机在出乘前未收到该限速的运行揭示调度命令时，列车调度员应向司机发布限速调度命令（最高不超过40 km/h），核对无误后，方可放行列车。司机按限速调度命令人工控制列车通过限速地段。

② 对未装备LKJ的动车组列车，列控限速设置不成功时，列车调度员应关闭（车站控制时为通知车站值班员关闭）进入该限速地段前一站的出站信号，向司机发布限速调度命令（最高不超过40 km/h），核对无误后，方可放行列车。司机按限速调度命令人工控制列车通过限速地段。

第 8 章　调车工作

本章重点：

（1）调车工作领导及指挥。
（2）调车工作计划及准备。
（3）在正线、到发线上的作业。

第一节　调车工作

一、一般要求

（1）车站、动车段（所）的调车工作，应按列车运行图、车站或动车段（所）的技术作业过程及调车作业计划进行。参加调车作业有关人员应做到：

① 及时办理动车组出入段（所）、转线及车底取送等作业，保证按列车运行图的规定时刻发车，不影响接车；

② 充分运用一切技术设备，采用先进工作方法，用最少的时间完成调车任务；

③ 认真执行作业标准，保证调车有关人员的人身安全及行车安全。

（2）调车作业时，应使用机车综合无线通信设备、调度台（车站）FAS 终端或注册的 GSM-R 手持终端进行联系。

使用机车进行调车作业时，应使用无线调车灯显设备（机车摘挂、转线等不进行车辆摘挂的作业除外），并使用规定频率，其显示方式须符合有关要求。无线调车灯显设备应与列车运行监控装置配合使用，无线调车灯显设备的使用、维修及管理办法由铁路局规定。

无线调车灯显设备正常使用时停用手信号，对灯显以外的作业指令采用通话方式；无线调车灯显设备发生故障时，改用手信号作业。

（3）动车段（所）设动车组地勤司机，负责动车组在动车段（所）内调车、试运行等调移动车组的作业。

（4）禁止溜放调车、手推调车和跟踪出站调车作业。

（5）在作业中，调车作业人员须停车上下。

（6）调车作业必须连结全部软管。摘车时，必须停妥，按规定采取好防溜措施，方可摘开车钩；挂车时，没有连挂妥当，不得撤除防溜措施。

（7）调车作业要准确掌握速度及安全距离，并遵守下列规定：

① 在空线上牵引运行时，不准超过 40 km/h；推进运行时，不准超过 30 km/h；动车组后端操作时，不准超过 15 km/h。

② 调动乘坐旅客车辆时，不准超过 15 km/h。

③ 接近被连挂的车辆时，不准超过 5 km/h。

④ 在尽头线上调车时，距线路终端应有 10 m 的安全距离；遇特殊情况，必须近于 10 m 时，要严格控制速度。

⑤ 电力机车、动车组在有接触网终点的线路上调车时，应控制速度，距接触网终点标应有 10 m 的安全距离；遇特殊情况，必须近于 10 m 时，要严格控制速度。

⑥ 旅客未上下车完毕，除本务机车、补机摘挂作业外，不得进行旅客列车（车底）的连挂作业。

⑦ 遇天气不良等非正常情况，应适当降低速度。

（8）调车信号机故障不能开放时，进路准备人员应将相关道岔操纵至所需位置并单独锁闭，在调车进路准备妥当后通知调车指挥人（司机）准许越过故障的调车信号机。

二、领导及指挥

（1）车站调车作业由列车调度员（由车站负责办理调车进路时为车站值班员或车务应急值守人员）担当调车领导人。分场时的调车工作，由负责该场调车进路的列车调度员（车站值班员或车务应急值守人员）领导。

（2）调车作业由调车长单一指挥，遇有特殊情况，可由经鉴定、考试合格的胜任人员担当指挥工作。动车组自走行调车作业、机车及自轮运转特种设备转线等作业由司机负责，不另设调车指挥人。

（3）调车长在调车作业前，必须亲自并督促组内人员充分做好准备，认真进行检查。在作业中应做到：

① 组织调车人员正确及时地完成调车任务。

② 正确及时地显示信号（发出指令），指挥作业。

③ 负责调车人员的人身安全和行车安全。

（4）司机在调车作业中应做到：

① 组织动车组（机车、自轮运转特种设备）乘务人员正确及时地完成调车任务。

② 负责操纵动车组（机车、自轮运转特种设备），做好整备，保证机车、自轮运转特种设备质量良好。

③ 时刻注意确认信号，不间断地进行瞭望，认真执行呼唤应答制，正确及时地执行信号显示（作业指令）和调车速度的要求，没有信号（指令）不准动车，信号（指令）不清立即停车。

④ 负责调车作业的安全。

（5）动车段（所）调车工作的领导及指挥由铁路局规定。

三、计划及准备

（1）计划的编制及下达。

① 调车领导人应正确及时地编制、布置调车作业计划。

② 进行有车辆摘挂的调车作业时，应使用有示意图的调车作业通知单（示意图可另附）。

③ 变更调车作业计划时，调车领导人应通知调车指挥人（无调车指挥人时为司机）停止作业，重新编制调车作业计划并下达，待司机和有关人员清楚无误后，方可继续作业。

④ 调车指挥人应根据调车作业计划制定具体作业方法，连同注意事项，亲自向司机交递和传达；对其他有关人员，应亲自或指派连结员进行传达。

⑤ 调车指挥人确认有关人员均已了解调车作业计划后，方可开始作业。

（2）动车组、路用列车及机车、自轮运转特种设备需转线时，司机根据需要向列车调度员（车站值班员或车务应急值守人员）提出申请。列车调度员（车站值班员或车务应急值守人员）可不编制书面调车计划，但须将作业办法、内容和注意事项向司机传达、布置清楚并听取复诵无误，在准备好进路后，通知司机开始作业。

（3）调车作业必须做好下列准备：

① 提前核对计划及相关调度命令，确认进路。

② 进行车辆摘挂、转线的作业，提前检查线路、道岔（集中联锁区除外）、停留车及车辆防溜等情况。

③ 准备足够的良好防溜器具。

④ 无线调车灯显设备试验良好。

（4）动车段（所）调车工作的计划编制及下达办法由铁路局规定。

四、动车组调车作业

（1）动车组进行调车作业时，原则上采用自走行方式，凭地面信号机的显示运行。

（2）动车组禁止连挂其他机车车辆 （救援机车、附挂回送过渡车以及动车组无动力调车时的调车机车、公铁两用牵引车除外）调车。

（3）动车组调车作业时，司机应在运行方向的前端操作，前方进路的确认由司机负责。在不得已情况下必须在后端操作时，应指派随车机械师或其他胜任人员站在动车组运行方向的前端指挥，发现危及行车或人身安全时，应立即使用紧急停车按钮（紧急制动装置）或通知司机停车。

五、动车组以外的调车作业

（1）调车作业时，凭地面信号机的显示运行。有调车指挥人时，凭调车指挥人的指令及地面信号机的显示运行，没有看到调车指挥人的起动信号，不准动车。

（2）信号显示。

① 调车作业时，调车人员必须正确及时地显示信号；机车乘务人员要认真确认信号，并回示。

② 推进车辆连挂时，要显示十、五、三车的距离信号，没有显示十、五、三车的距离信号，不准挂车，没有司机回示，应立即显示停车信号。

③ 推送车辆时，要先试拉。车列前部应有人瞭望，及时显示信号。

④ 当调车指挥人确认停留车位置有困难时，应派人显示停留车位置信号。

（3）除机车、自轮运转特种设备转线外，调车作业应有足够的调车人员。

① 施工路用列车、自轮运转特种设备调车作业时，由施工（使用）单位或所属单位提供调车动力和调车人员，具体办法由铁路局规定。其他调车作业，由车站人员担当调车人员或列车调度员指定单位派调车人员。

② 调车人员不足 2 人，不准进行调车作业。

（4）调车作业中，机车、自轮运转特种设备运行或牵引车辆运行时，前方进路的确认由司机负责；推进车辆运行时，前方进路的确认由调车指挥人负责，如调车指挥人所在位置确认前方进路有困难时，可指派调车组其他人员确认。

六、调车与列车运行的协调

（1）在正线、到发线上调车时，须经过列车调度员（车站控制时为车站值班员）准许。

（2）接发列车时，应按高速铁路《行车组织细则》规定的时间，停止影响列车进路的调车作业和对列车运行安全有影响的其他作业。

（3）接发旅客列车时，与接发列车进路没有隔开设备或脱轨器的线路，不准向能进入接发列车进路的方向调车。本务机车在停留线路内摘挂除外。

（4）同一股道只允许一端调车作业，禁止两端同时向同一股道排列调车进路。

（5）调车作业中，应执行钩钩联系制度：每钩作业前，司机（调车指挥人）应主动向列车调度员（车站负责办理调车进路时为车站值班员或车务应急值守人员）请求进路；进路准备妥当后，列车调度员（车站值班员或车务应急值守人员）方可通知司机（调车指挥人）。

（6）越出站界调车。

① 越出站界调车时，必须区间（自动闭塞区间正方向为第一个闭塞分区）空闲，单线区间闭塞系统必须在发车位置；由列车调度员发布准许越出站界调车的调度命令后，方可进行。

② 越出站界调车期间，相邻站（线路所）禁止向该区间放行列车。越出站界调车作业完毕，司机或调车指挥人应报告列车调度员（车站负责办理调车进路时为车站值班员或车务应急值守人员）。车站值班员、车务应急值守人员应及时报告列车调度员，列车调度员通知两端站（线路所）后方可组织行车。

③ 需在未设调车信号机的线路上调车作业时，根据需要可按越出站界调车作业办理，办理列车进路（进、出站信号机常态为灭灯时，应点灯），由列车调度员发布准许越出站界调车的调度命令，司机根据调度命令和进、出站信号机的显示进行调车作业。

第二节 机车车辆停留

一、机车车辆停留

（1）有动车组以外的旅客列车上线运行的高速铁路，在动车组运行时段，除动车组、旅客列车车底及本务机车外，车站正线、到发线不应停留其他机车车辆。特殊情况下确需在到发线停留时，由铁路局制定相应安全措施。

（2）仅运行动车组列车的高速铁路，在动车组运行时段，车站正线、到发线不应停留动车组以外的其他机车车辆。特殊情况下确需在到发线停留时，由铁路局制定相应安全措施。

（3）临时停留公务车线路上的道岔应开通不能进入该线的位置并加锁。集中联锁的道岔可在控制台上进行单独锁闭。

（4）安全线上禁止停留机车车辆。

二、机车车辆防溜

（1）动车组防溜。

① 动车组无动力停留时，有停放制动装置的动车组，由司机负责将动车组处于停放制动状态；动车组无停放制动装置或在坡度为 20‰以上的区间无动力停留时，由司机通知随车机械师进行防溜，防溜时应使用铁鞋牢靠固定。

② 重联动车组在设置铁鞋（止轮器）防溜时，仅设置前列。

③ 如需在同一股道内停留两列不重联的动车组时，两列动车组间应间隔不小于 20 m 的安全防护距离（动车段、动车所内的股道除外），并分别做好防溜。

④ 动车段（所）内动车组防溜办法由铁路局规定。

（2）车辆防溜。

① 车辆在车站停留时，应连挂在一起，拧紧两端车辆的人力制动机，并以铁鞋牢靠固定。特殊情况下分组停放时，应分别采取防溜措施。

② 一批作业中临时停留的车辆，须拧紧两端车辆的人力制动机或以铁鞋止轮。

③ 调车作业实行“谁作业、谁防溜（撤除）”的原则，防溜措施的设置和撤除由

调车人员（机车及自轮运转特种设备为司机，其他无调车人员的为设备使用单位人员）负责。

（3）机车及自轮运转特种设备在车站停留时，由司机负责将其保持制动（防溜）状态，并按规定采取止轮措施。

（4）施工路用车辆及自轮运转特种设备需在车站停留时，使用单位应派人负责看守。其他车辆在车站到发线停留时，由车站人员（车务应急值守人员或其他胜任人员）对其防溜措施进行检查、确认。

三、防溜器具管理

（1）车站行车室必须配备足够良好的防溜器具，由车站值班员（车务应急值守人员）负责保管和交接。有关作业人员领取、使用、交回时，须办理登记交接手续，领取（交回）人与保管人共同清点数量、编号无误，确认状态良好后分别签认。

（2）车站值班员（车务应急值守人员）须在行车室对停留车及其防溜情况进行揭示。作业人员采取或撤除防溜措施后，应立即告知车站值班员（车务应急值守人员），一批作业结束后双方进行签认。

第9章 施工维修

本章重点：

（1）施工维修基本要求。
（2）施工维修防护。
（3）确认列车开行。

第一节 施工维修基本要求

（1）凡影响行车的施工、维修作业，都必须纳入天窗，不得利用列车间隔进行。线路、桥隧、信号、通信、接触网及其他行车设备的施工，力争开通后不降低行车速度。维修作业开始前不限速，结束后须达到正常放行列车条件。

（2）列车调度台、车站应设置《行车设备施工登记簿》《行车设备检查登记簿》。具备条件时，可通过施工维修登销记信息系统进行行车设备施工、维修及设备故障的登记和销记。

（3）在调度台办理登、销记手续时，铁路局工务、信号、通信、供电、车辆、房建等部门须各指定一名具有协调能力、熟悉作业情况的胜任人员，作为本部门作业单位驻调度所联络员；在车站办理登、销记手续时，由相关单位在车站安排驻站联络员。驻调度所（驻站）联络员负责向作业单位（配合单位）作业负责人传达有关命令。

（4）各作业单位施工、维修作业完毕后，须及时向驻调度所（驻站）联络员报告。驻调度所（驻站）联络员办理销记手续。

（5）施工作业完毕，但未达到正常放行列车条件时，驻调度所（驻站）联络员应在《行车设备施工登记簿》内登记行车限制条件；在设备达到正常放行列车条件后，及时销记。

第二节　施工维修的安全防护

一、施工维修防护要求

（1）凡影响行车的施工维修，均应设置防护。

未设置好防护，禁止开工。线路状态未恢复到准许放行列车的条件，禁止撤除防护、放行列车。施工维修防护的设置与撤除，由施工负责人决定。

在区间或站内线路、道岔上维修时，现场防护人员应站在维修地点附近、且瞭望条件较好的地点进行防护，在天窗内作业时，显示停车手信号。维修作业应在调度所（车站）与作业地点分别设驻调度所（驻站）联络员和现场防护人员，并保持联系。

（2）封锁区间施工时，施工负责人应确认已做好一切施工准备，按批准的施工计划（临时抢修施工时除外），由驻调度所（驻站）联络员在《行车设备施工登记簿》内登记。列车调度员应保证施工时间，并及时发出实际施工调度命令。施工负责人接到调度命令，确认施工起止时刻，设好停车防护后，方可开工，并保证在规定时间内完成。

施工单位及设备管理单位应严格掌握开通条件，经检查满足放行列车的条件，且设备达到规定的开通速度要求，办理开通登记后，向列车调度员申请开通区间。如因特殊情况不能按时开通区间或不能按规定的开通速度运行时，应提前要求列车调度员延长时间或限速运行。

（3）施工维修作业时，应严格遵守作业人员和机具避车制度，采取措施保证邻线列车和作业人员安全。

在区间或站内线路、道岔上施工维修作业时，应在列车调度台设驻调度所联络员或在车站行车室设驻站联络员，施工维修地点设现场防护人员。驻调度所（驻站）联络员和现场防护人员应由指定的、经过考试合格的人员担任。施工负责人可指派驻调度所（驻站）联络员负责在列车调度台（车站行车室）办理施工维修登、销记手续，驻调度所（驻站）联络员向施工负责人传达调度命令，通报列车运行情况。驻调度所（驻站）联络员和现场防护人员在执行防护任务时，应佩戴标志，携带通信设备；现场防护人员还应携带必备的防护用品，随时观察施工现场和列车运行情况。发现异常情况时及时通报列车调度员（车站值班员）和施工负责人。

驻调度所（驻站）联络员应与现场防护人员保持联系，如联系中断，现场防护人员应立即通知施工负责人停止作业，必要时将线路恢复到准许放行列车的条件。

（4）在线间距不足6.5 m地段施工维修而邻线行车时，邻线列车应限速160 km/h及以下运行，并按规定设置防护。施工单位在提报施工计划时，应提出邻线限速的条件。

邻线来车时，现场防护人员应及时通知作业人员，机具、物料或人员不得在两线间放置或停留，并应与列车保持安全距离，物料应堆码放置牢固。

（5）线路备用轨料须在车站范围内码放整齐，线路两侧散落的旧轨料、废土废渣应及时清理。因施工等原因在线路两侧临时摆放的轨料，要码放整齐，并进行必要的加固。有栅栏的地段要置于两侧的封闭栅栏内；需临时拆除封闭栅栏时，应设置临时防护设施并派人昼夜看守。

（6）凡上道使用涉及行车安全的养路机械、机具及防护设备，须符合有关技术标准，满足运用安全的要求。养路机械、机具及防护设备应专管专用，加强日常检修和定期检查，经常保持良好状态。状态不良的，禁止上道使用。

（7）路用列车装卸路料时，装卸车负责人应指挥列车停于指定地点。装卸作业完毕后，其负责人应负责检查装卸货物的装载、堆码状态，确认限界，清好道沿，关好车门。在区间装卸时，装卸车负责人确认具备开车条件后通知司机开车。

（8）进入封锁区间的施工列车司机应熟悉线路和施工条件。

二、防护办法

（1）在区间线路上施工时，使用移动停车信号防护，防护办法如下：

① 单线区间施工，如图 9-1 所示。

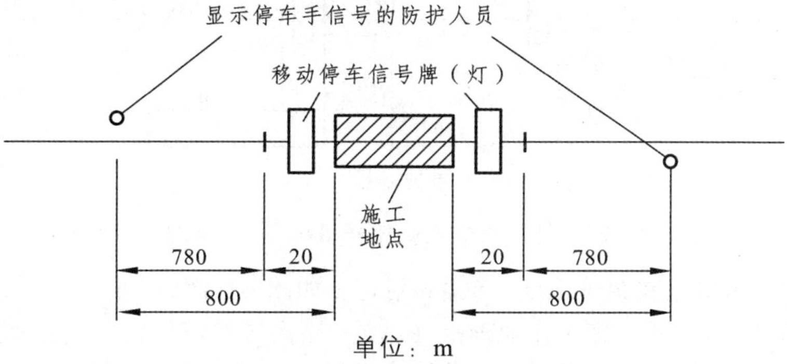

图 9-1　单线区间施工图

② 双线区间在一条线上施工，如图 9-2 所示。

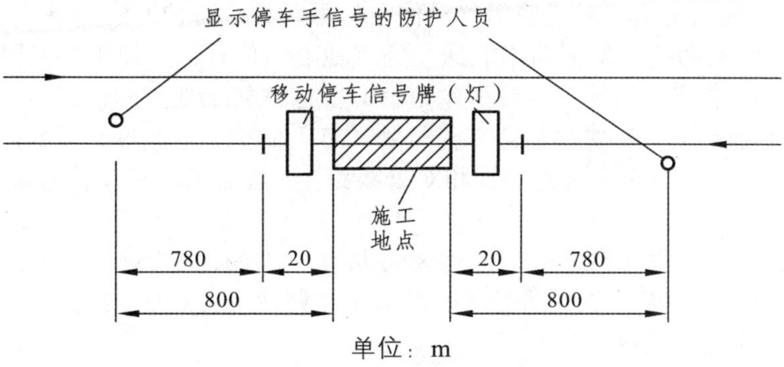

图 9-2　双线区间在一条线上施工图

③ 双线区间两条线路同时施工，如图 9-3 所示。

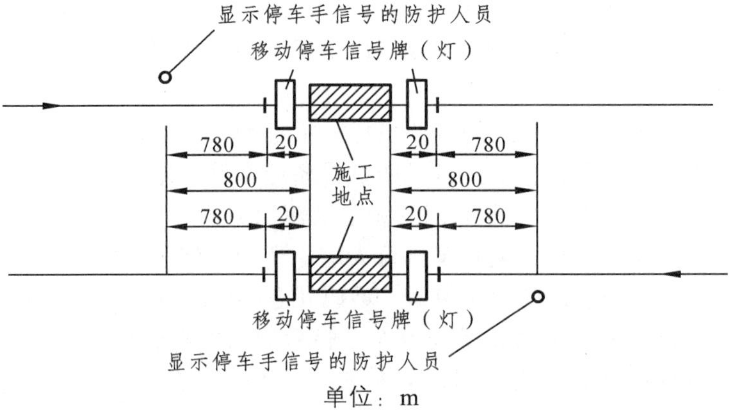

图 9-3　双线区间两条线路同时施工图

④ 施工地点距离进站信号机（或反方向进站信号机）小于 820 m 时，如图 9-4 所示。

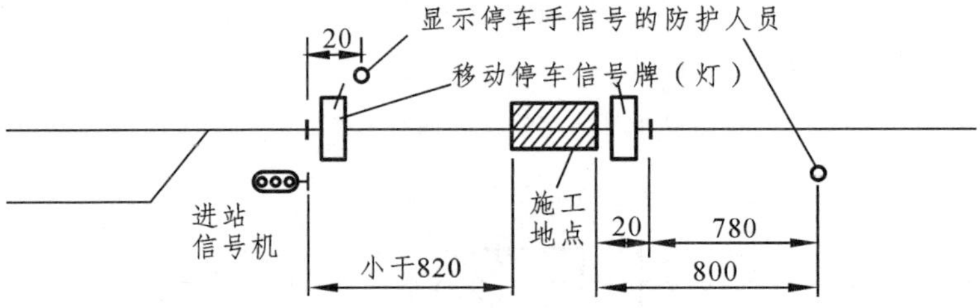

图 9-4　施工地点距离进站信号机小于 820 m 施工图

现场防护人员应站在距施工地点800 m附近（如图9-1~图9-3所示），且瞭望条件较好的地点显示停车手信号；施工作业地点在站外，距离进站信号机（反方向进站信号机）小于820 m时，现场防护人员应站在距进站信号机（反方向进站信号机）20 m附近（如图9-4所示）；在尽头线上施工，施工负责人经与列车调度员（车站值班员）联系确认尽头一端无列车、轨道车时，则尽头一端可不设防护。

（2）在站内线路上施工时，使用移动停车信号防护，防护办法如下：

① 将施工线路两端道岔扳向不能通往施工地点的位置，并加锁或紧固，可不设置移动停车信号牌（灯）。当施工线路两端道岔只能通往施工地点的位置时，在施工地点两端各 50 m 处线路上，设置移动停车信号牌（灯）防护，如图 9-5 所示；如施工地点距离道岔小于 50 m 时，在该端警冲标相对处线路上，设置移动停车信号牌（灯）防护，如图 9-6 所示。

② 在进站道岔外方线路上施工，对区间方向，以关闭的进站信号机防护；对车站方向，在进站道岔外方基本轨接头处（顺向道岔在警冲标相对处）线路上，设置移动停车信号牌（灯）防护，如图 9-7 所示。

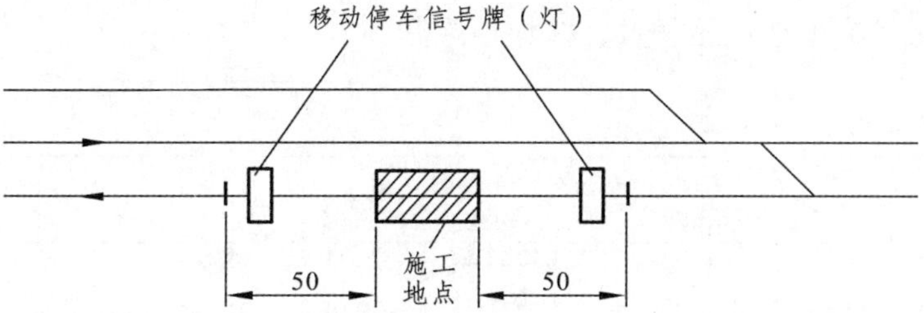

单位：m

图 9-5　移动停车信号牌（灯）设置图

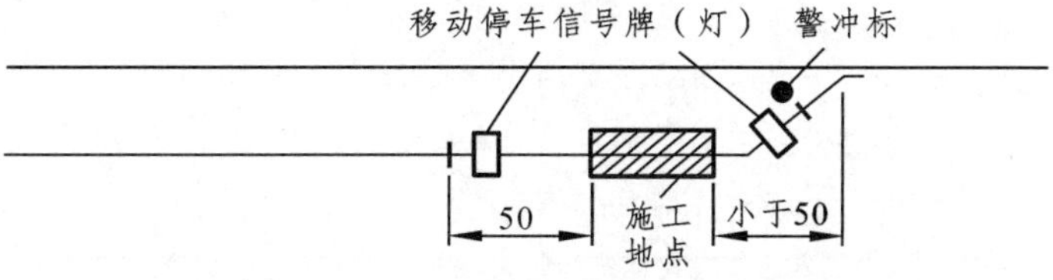

单位：m

图 9-6　移动停车信号牌（灯）设置图

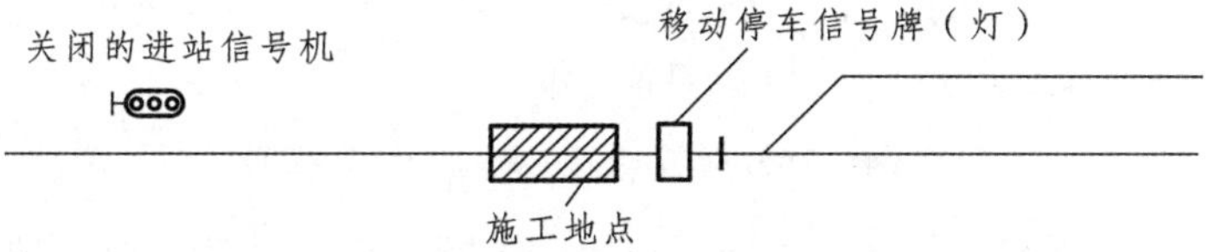

图 9-7　移动停车信号牌（灯）设置图

③ 双线区段，在反方向进站信号机至出站道岔的线路上施工，对区间方向，以关闭的反方向进站信号机防护。对车站方向，在出站道岔外方基本轨接头处（对向道岔在警冲标相对处）线路上，设置移动停车信号牌（灯）防护，如图 9-8 所示。

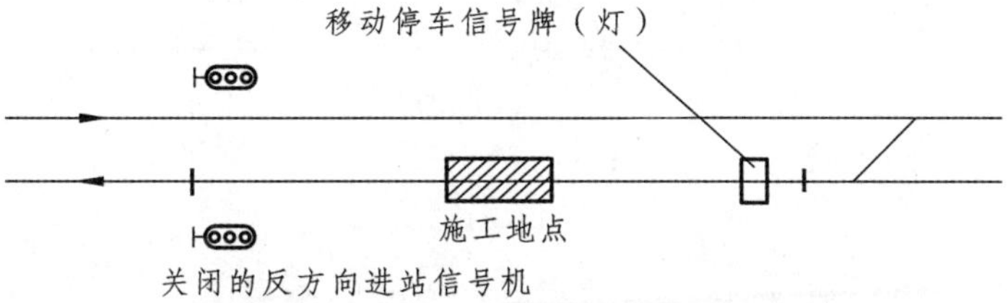

图 9-8　移动停车信号牌（灯）设置图

（3）在站内道岔上（含警冲标至道岔尾部线路、道岔间线路）施工时，使用移动停车信号防护，防护办法如下：

① 在站内道岔上施工，一端距离施工地点 50 m，另一端两条线路距离施工地点 50 m（距出站信号机不足 50 m 时，为出站信号机处），分别在线路上设置移动停车信号牌（灯）防护，如图 9-9 所示；如一端距离外方道岔小于 50 m 时，将有关道岔扳向不能通往施工地点的位置，并加锁或紧固。

② 在进站道岔上施工，对区间方向，以关闭的进站信号机防护；对车站方向，在距离施工地点 50 m 线路上，设置移动停车信号牌（灯）防护，如图 9-10 所示。距邻近道岔不足 50 m 时，在邻近道岔基本轨接头处设置移动停车信号牌（灯）防护，将有关

道岔扳向不能通往施工地点的位置，并加锁或紧固。

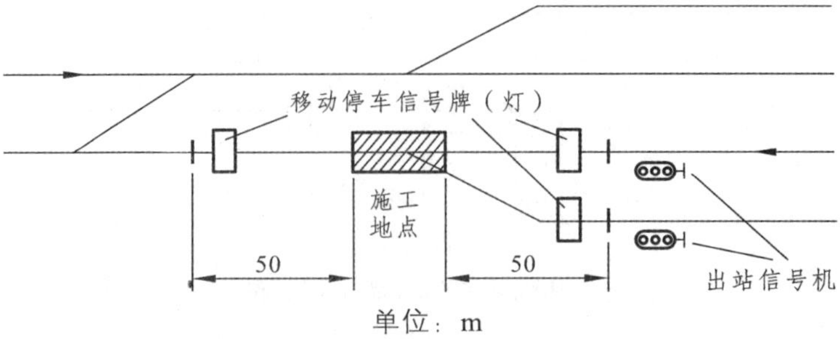

图 9-9　移动停车信号牌（灯）设置图

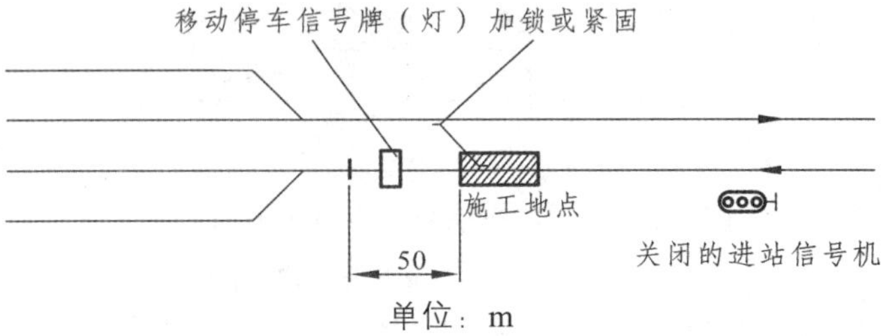

图 9-10　移动停车信号牌（灯）设置图

③ 在出站道岔上施工，对区间方向，以关闭的反方向进站信号机防护；对车站方向，在距离施工地段不少于 50 m 线路上，设置移动停车信号牌（灯）防护，如图 9-11 所示。距邻近道岔不足 50 m 时，将有关道岔扳向不能通往施工地点的位置，并加锁或紧固。

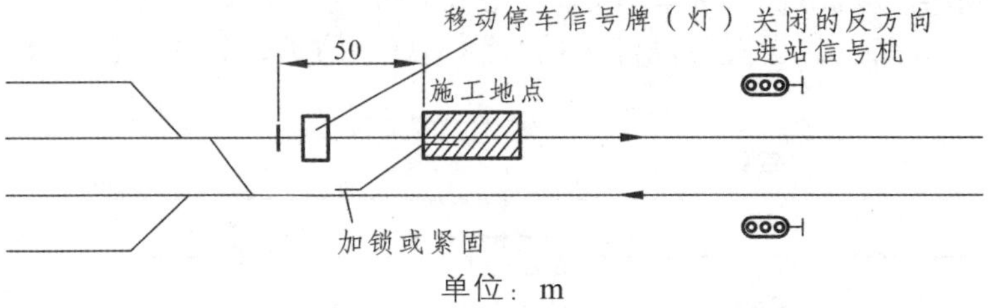

图 9-11　移动停车信号牌（灯）设置图

④ 在交分道岔上施工，将有关道岔扳向不能通往施工地点的位置，并加锁或紧固，在距离施工地点两端 50 m 处线路上，设置移动停车信号牌（灯）防护，如图 9-12 所示。

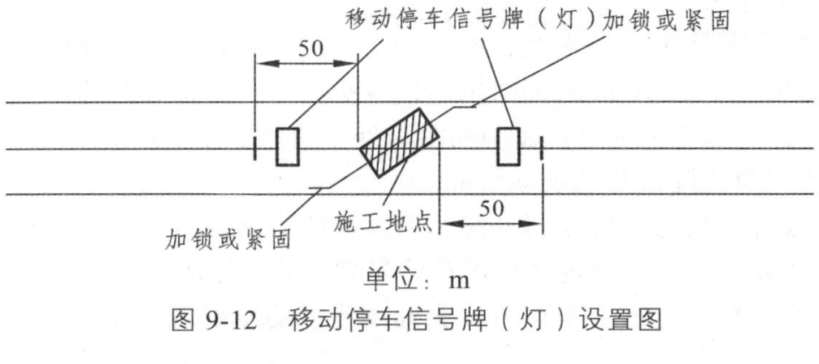

图 9-12　移动停车信号牌（灯）设置图

⑤ 在交叉渡线的一组道岔上施工，一端在菱形中轴相对处线路上，另一端在距离施工地点 50 m 处线路上，分别设置移动停车信号牌（灯）防护，将有关道岔扳向不能通往施工地点的位置，并加锁或紧固，如图 9-13 所示。

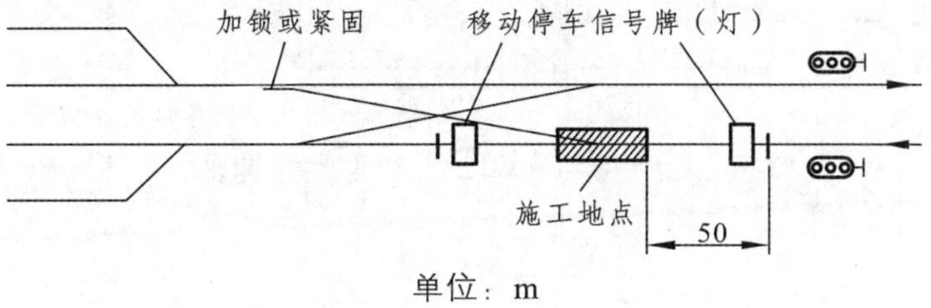

图 9-13　移动停车信号牌（灯）设置图

⑥ 在道岔上进行大型养路机械施工时，如延长移动停车信号牌（灯）防护距离后会占用其他道岔，对相关道岔应一并防护。

（4）仅运行动车组列车的区间正线不设置移动减速信号防护。在其余区间正线上，使用带“T”字和“减速”字的移动减速信号的防护办法如下：

① 单线区间施工，设立位置如图 9-14 所示。

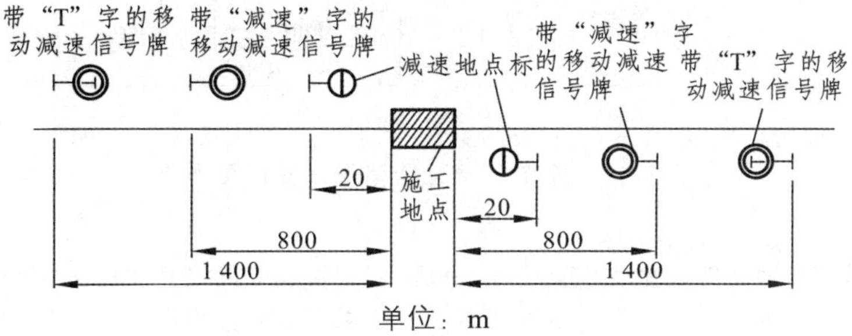

图 9-14　施工移动减速信号设立位置图

② 双线区间在一条线上施工，设立位置如图 9-15 所示。

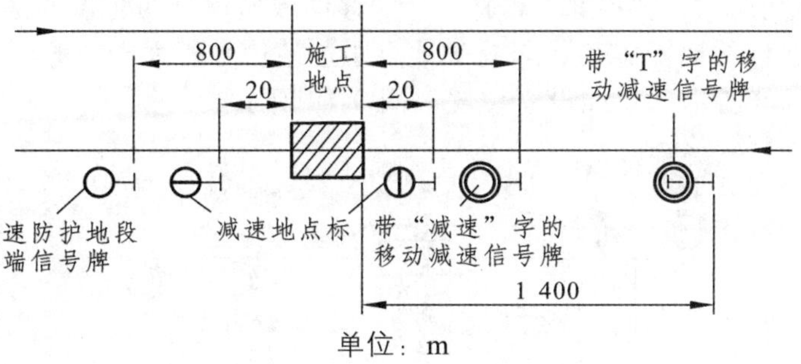

图 9-15　施工移动减速信号设立位置图

③ 双线区间两条线路同时施工，设立位置如图 9-16 所示。

④ 施工地点距离进站信号机（或反方向进站信号机）小于 800 m 时，设立位置如图 9-17 所示。

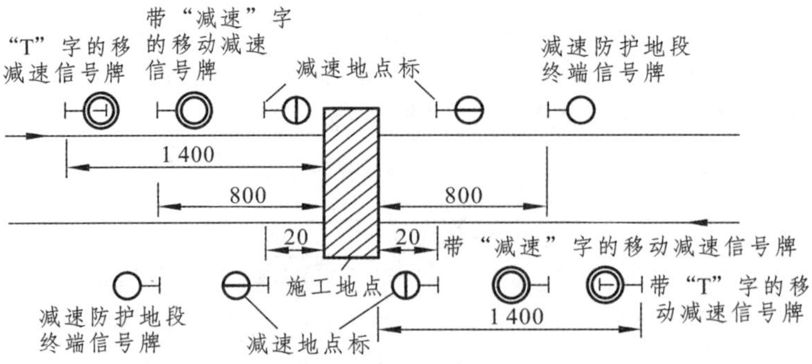

单位：m

图 9-16　施工移动减速信号设立位置图

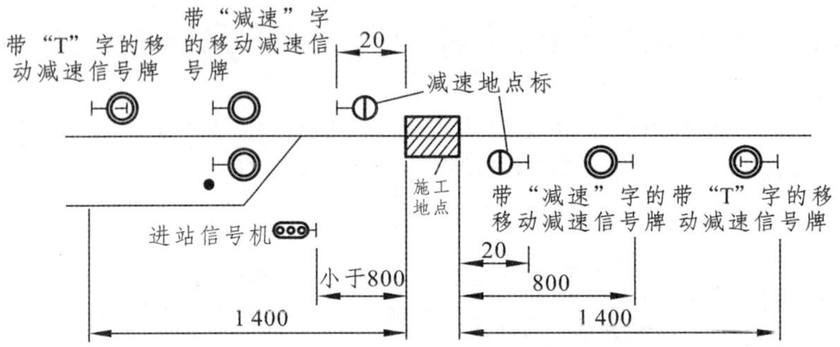

单位：m

图 9-17　施工移动减速信号设立位置图

注：

1. 当站内正线警冲标距离施工地点小于 800 m 时，按 800 m 设置移动减速信号牌；

2. 当站内正线警冲标距离施工地点大于或等于 1 400 m 时，不设置带“T”字的移动减速信号牌。

（5）仅运行动车组列车的站内线路或道岔不设置移动减速信号防护。在其余站内线路或道岔上，使用带“T”字和“减速”字的移动减速信号的防护办法如下：

① 在站内正线线路上施工，当施工地点距进站信号机大于或等于 800 m 时，单线设立位置如图 9-18 所示，双线设立位置如图 9-19 所示。

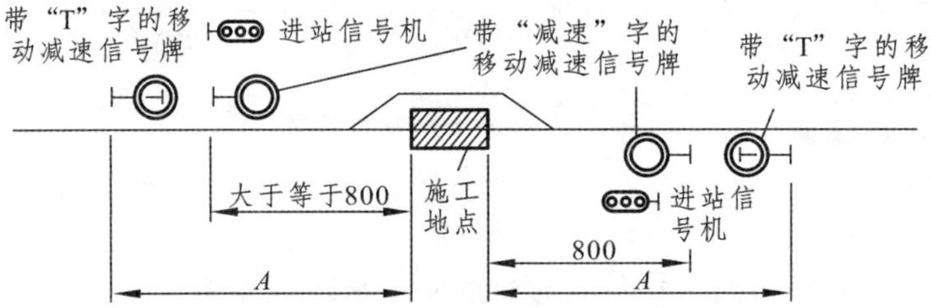

单位：m

图 9-18　施工移动减速信号设立位置图

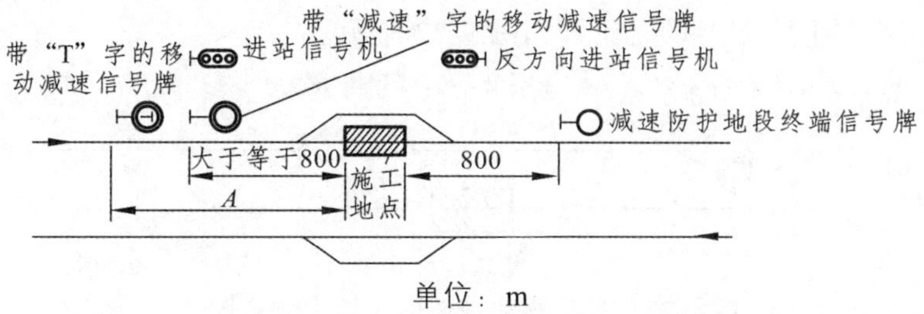

图 9-19　施工移动减速信号设立位置图

注：当施工地点距进站信号机不足 800 m 时，自施工地点起至 800 m 处区间线路列车运行方左侧，设移动减速信号牌防护；当施工地点距进站信号机大于或等于 A 时，不设置带“T”字的移动减速信号牌，A 取 1 400 m；当施工地点距反方向进站信号机不足 800 m 时，自施工地点起至 800 m 处区间线路列车运行方左侧，设减速防护地段终端信号牌；当施工地点距反方向进站信号机大于或等于 800 m 时，在反方向进站信号机处，设减速防护地段终端信号牌。

② 在站内正线道岔上施工，当施工地点距进站信号机大于或等于 800 m 时，单线设立位置如图 9-20 所示，双线设立位置如图 9-21 所示。

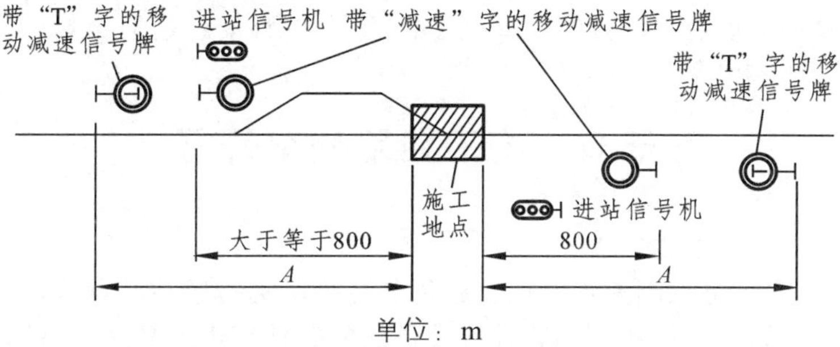

图 9-20　施工移动减速信号设立位置图

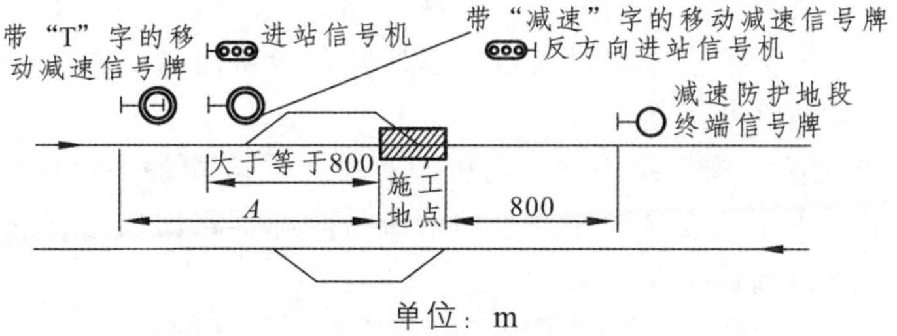

图 9-21　施工移动减速信号设立位置图

注：当施工地点距进站信号机不足 800 m 时，自施工地点起至 800 m 处区间线路列车运行方左侧，设移动减速信号牌防护；当施工地点距进站信号机大于或等于 A 时，不设置带“T”字的移动减速信号牌，A 取 1 400 m；当施工地点距反方向进站信号机不足 800 m 时，自施工地点起至 800 m 处区间线路列车运行方左侧，设减速防护地段终端信号牌；当施工地点距反方向进站信号机大于或等于 800 m 时，在反方向进站信号机处，设减速防护地段终端信号牌。

③ 在站线线路上施工，设立位置如图 9-22 所示。

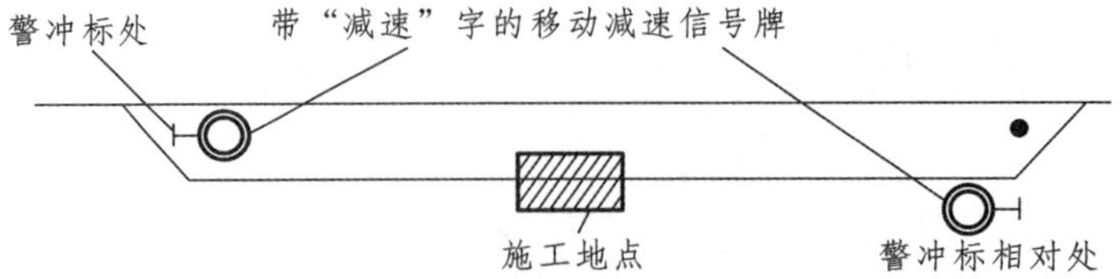

图 9-22　施工移动减速信号设立位置图

④ 在站线道岔上施工，该道岔中部线路旁，设置两面黄色的带“减速”字的移动减速信号牌，设立位置如图 9-23 所示。

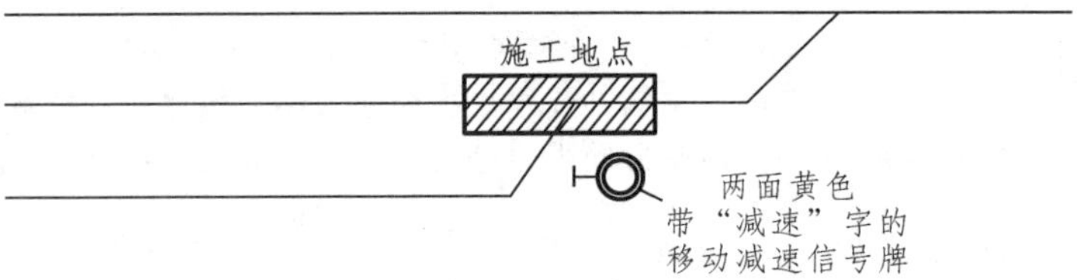

图 9-23 施工移动减速信号设立位置图

凡线间距离不足规定时，应设置矮型（1 m高）的移动减速信号牌。

第三节　施工路用列车开行

（1）施工路用列车上线。

① 施工路用列车进入高速铁路运行必须装备列车运行监控装置或轨道车运行控制设备、机车综合无线通信设备，未装设或设备故障的禁止进入高速铁路运行。

② 施工路用列车上线运行应纳入施工、维修日计划，向调度所提供《自轮运转特种设备运行、作业计划表》，注明发站、到站、编组、运行径路、作业地点及转线计划并经主管业务处审核批准。未提供《自轮运转特种设备运行、作业计划表》或内容不全的，禁止进入高速铁路运行。

③ 在 GSM-R 区段，施工路用列车司机及有关人员应配备 GSM-R 手持终端，开车前将联系号码报告列车调度员和相关车站值班员。施工路用列车有关人员间应相互通报联系方式，并进行通话试验。

（2）向封锁区间开行施工路用列车时，列车进入封锁区间的行车凭证为调度命令。该命令中应包括列车车次、停车地点、到达车站的时刻等有关事项。需限速运行时在命令中一并注明。

（3）施工路用列车接发。

① 在常态灭灯的区段，接发施工路用列车时，进站信号机、出站信号机、进路信号机、线路所通过信号机应点灯。

② 施工路用列车在车站开车前需进行自动制动机简略试验时，由施工负责人指派胜任人员负责。

（4）施工路用列车安全。

① 天窗内所有影响施工路用列车运行的施工维修作业必须在施工路用列车通过后方可进行，并须在施工路用列车返回前结束。

② 施工路用列车进入封锁区间的规定如下：

a. 施工单位应指派胜任人员携带列车无线调度通信设备值乘，并在区间协助司机作业。路用列车或施工机械进入施工地段时，应在防护人员显示的停车手信号前停车，再根据施工负责人的要求，按调车办法，进入指定地点。

b. 在区间推进运行时，必须安装简易紧急制动阀，施工单位指定胜任人员登乘列车前端，认真瞭望，及时与司机联系，必要时使用简易紧急制动阀停车或通知司机停车。

c. 同一封锁区间原则上每端只开行一列路用列车，如超过时，其安全措施及运行办法由铁路局规定。有多台作业车进入同一区间时，作业车辆应组成综合作业车列合并运行，共用一个调度命令进入区间、返回车站或到达前方站。作业车及车列由车站开往区间后，由主体作业单位统一组织协调，划分各作业车的作业范围及分界点。各作业单位必须严格按规定分别设置防护。

③ 施工路用列车由封锁区间进站时，司机须得到列车调度员（车站控制时为车站值班员）的同意后，方可进站。

④ 施工作业完毕，驻调度所（驻站）联络员须确认施工作业车全部到达车站后，方可申请办理开通。

第四节　确认列车开行

一、确认列车组织

（1）高速铁路仅运行动车组列车的区段，天窗结束后开行动车组列车前，应开行确认列车，确认列车开行纳入列车运行图。其他区段，天窗结束后首趟列车不准为动车组列车；扰动道床不能预先轧道的线路、道岔施工区段，施工开通后第一趟列车不准为旅客列车。

（2）确认列车应由工务、电务、供电部门各指派专业技术人员随车添乘，但有相应地面、车载监测设备的电务、供电部门根据需要添乘。

（3）随车机械师负责开启和关闭操纵端司机室后车厢站台侧门，供添乘人员上下车。随车机械师关闭车门后应及时通知司机。

（4）司机在确认行车凭证和开车时间，车门关闭后，即可起动列车。

（5）添乘人员必须服从司机的管理，不得干扰司机的正常操作。

二、确认信息报告

（1）所有参加确认的人员必须按规定的时间、确认事项和内容报告确认情况。

（2）确认信息报告程序及时间。

① 异常情况：影响列车运行的确认信息由添乘人员通过司机随时向列车调度员报告，添乘人员同时还应向铁路局专业调度报告。

② 正常情况：添乘人员于添乘到达确认区段终点后及时分别向铁路局专业调度汇报。

第五节　设备故障及抢修

（1）列车调度员（车站值班员）发现或接到线路、信号、通信、供电等固定行车设备故障的报告后，应立即进行处置，通知设备管理单位，在《行车设备检查登记簿》内登记。

设备管理单位应及时在《行车设备检查登记簿》内签认，尽快组织修复。对暂时不能修复的，应登记停用内容和影响范围，写明行车限制条件。

（2）设备管理单位人员发现行车设备故障时，应立即通知列车调度员（车站控制时为车站值班员），报告工长、车间主任或设备管理单位调度，并在《行车设备检查登记簿》内登记，积极设法修复；对暂时不能修复的，应登记停用内容和影响范围，写明行车限制条件。

（3）铁路职工或其他人员发现设备故障危及行车和人身安全时，应立即通知列车司机停车并报告列车调度员，通知不到时应通知就近车站、工务、电务或供电等人员，有关人员接到通知应立即报告列车调度员、通知设备管理单位，必要时立即采取应急措施，扣停列车、通知区间运行的列车停车或限速运行。

（4）高速铁路固定设备的临时上道检查、故障抢修作业须在《行车设备检查登记簿》内登记，并经列车调度员同意后，方可上道作业。

对处于使用状态的行车设备，严禁进行维修作业。

（5）高速铁路处理设备故障需临时开行路用列车、轨道车时，由设备管理单位提出申请，调度所值班主任（值班副主任）准许，列车调度员发布调度命令。

（6）当设备发生故障，需在双线区间的一线上道检查、处理设备故障时，本线应封锁、邻线列车限速 160 km/h 及以下。设备管理单位应在《行车设备检查登记簿》内登记，提出本线封锁、邻线列车限速 160 km/h 及以下的申请，在得到列车调度员（车站值班员）签认后，方可上道作业，本线、邻线可不设置防护信号。司机应加强瞭望。

抢修作业时，邻线列车接近前，防护人员通知现场作业负责人停止作业。作业机具、材料等不得侵限且严禁摆放在两线间。

故障处理后需要现场看守时，设备管理单位应在《行车设备检查登记簿》内登记，提出本线及邻线行车限制条件，并按规定设置防护。

专栏9-1
一、事故概况 5月22日23时20分，××工务段在车站登记，月施工计划编号第73项，清

筛Ⅲ级施工，施工内容及影响使用范围：A站至相邻的B站内下行正线封锁，工务在307km 600m至312km 498m处利用大机牵引进行清筛作业。

5月22日23时20分，登记，并正式开展施工作业。

23日4时00分，施工单位向调度报告：因线路条件原因，在规定时间内清筛作业未能按计划完成，该作业区段需限速80 km/h，计划于26日夜间再次进行施工作业。

23日5时00分，首趟列车K123次列车运行经过A站时起，列车调度员下达临时限速调度命令。

5时02分，车站值班员接收到命令时，K123次列车已经运行通过了A站进入区间。

5时05分，列车因超速而脱轨。

请根据调度命令的相关规定，分析列车调度员的处置是否正确？

二、经验总结

（1）对于24h内不能取消的临时限速，限速登记单位或设备管理单位应提出限速申请，报告主管业务处，由主管业务处审核后提交调度所发布运行揭示调度命令。

（2）临时限速调度命令应在关系站前交付，交付不成功的，需要在关系站扣停列车。

第10章 灾害天气行车

本章重点：

（1）大风天气行车。
（2）雨天行车。
（3）冰雪天气行车。
（4）异物侵限报警。

第一节 大风天气行车

（1）接到自然灾害及异物侵限监测系统风速监测子系统大风报警信息时的处置：

① 遇风速监测子系统提示大风报警信息时，列车调度员根据报警提示向相关列车发布限速运行的调度命令。对来不及发布调度命令的列车，立即通知司机限速运行。司机接到调度命令或通知后，应立即采取措施。

② 遇大风天气，当风速监测子系统发出禁止运行的报警信息时，列车调度员应及时关闭有关信号（车站控制时为通知车站值班员关闭有关信号）并通知司机停车。司机接到通知后，应立即采取停车措施。

③ 列车运行途中，遇大风，司机根据情况控制列车运行速度，并报告列车调度员。列车调度员通知后续首列列车司机在该地段注意运行；列车通过该地段后，司机应及时向列车调度员报告。

④ 遇大风天气，列车调度员按风速监测子系统报警提示发布限速调度命令，遇风速不稳或同一地段多处风速报警时，列车调度员可合并设置，按最低限速值发布限速调度命令。

⑤ 风速监测子系统限速报警解除后，列车调度员应及时取消前发限速调度命令，恢复正常行车。

（2）动车组列车遇大风行车限速的规定如下：

① 在环境风速不大于15 m/s时，可以正常速度运行；环境风速不大于20 m/s时，运行速度不大于300 km/h；环境风速不大于25 m/s时，运行速度不大于200 km/h；环境风

速不大于30 m/s时，运行速度不大于120 km/h；环境风速大于30 m/s时，严禁动车组列车进入风区。

② 在线路中心线距站台边缘为1 750 mm的正线、到发线办理动车组列车通过时，在环境风速不大于15 m/s情况下，速度不得超过80 km/h；当环境风速超过15 m/s时，动车组运行速度不得超过45 km/h，并注意运行。

（3）自然灾害及异物侵限监测系统风速监测子系统故障时的处置。

① 列车调度员发现风速监测子系统故障时，应立即通知设备管理单位，并在《行车设备检查登记簿》内登记；设备管理单位发现风速监测子系统故障时，应立即报告列车调度员，并在调度所《行车设备检查登记簿》内登记。

② 风速监测子系统故障期间，故障区段如遇天气预报7级及以上大风天气时，工务部门应及时向列车调度员提交天气预报信息，列车调度员按照天气预报的最大风级向相关列车发布限速调度命令。相关限速规定如下：当最大风速达7级时，运行速度不大于300 km/h；8级、9级时，运行速度不大于200 km/h；10级时，运行速度不大于120 km/h；11级及以上时，禁止列车进入风区。限速里程由工务部门根据故障情况以及天气预报信息确定后，通知列车调度员。

第二节　雨天行车

（1）接到自然灾害及异物侵限监测系统雨量监测子系统报警信息时的处置。

遇雨量监测子系统提示雨量监测报警信息时，列车调度员根据报警提示向相关列车发布限速运行的调度命令。对来不及发布调度命令的列车，立即通知司机限速运行。司机接到调度命令或通知后，应立即采取措施。

（2）列车通过防洪重点地段时，司机要加强瞭望，并随时采取必要的安全措施。

动车组列车运行中，司机发现积水高于轨面时，应立即停车，根据现场情况与随车机械师共同确认行车条件或请求救援，并立即报告列车调度员（车站值班员），车站值班员报告列车调度员。列车调度员（车站值班员）立即通知已进入区间的后续列车停车（避免停在隧道内），不再向该区间放行列车。

当洪水漫到路肩时，列车应按规定限速运行；遇有落石、倒树等障碍物危及行车安全时，司机应立即停车，排除障碍并确认安全无误后，方可继续运行。

列车遇到线路塌方、道床冲空等危及行车安全的突发情况时，司机应立即采取应急性安全措施，并立刻通知追踪列车、邻线列车及列车调度员（邻近车站）。配备列车防护报警装置的列车应立即使用列车防护报警。

（3）遇有降雨天气，重点防洪地段 1 h 降雨量达到 45 mm 及以上时，列车限速120 km/h；1 h 降雨量达到 60 mm 及以上时，列车限速 45 km/h。当 1 h 降雨量降至 20 mm及以下、且持续 30 min 以上时，可逐步解除限速。

列车调度员在得到工务及其他相关专业调度台检查无异常的报告后，及时取消限速或解除线路封锁。

（4）自然灾害及异物侵限监测系统雨量监测子系统故障时的处置。

列车调度员发现雨量监测子系统故障时，应立即通知设备管理单位，并在《行车设备检查登记簿》内登记；设备管理单位发现雨量监测子系统故障时，应立即报告列车调度员，并在调度所《行车设备检查登记簿》内登记。雨量监测子系统故障期间，由工务部门根据降雨情况在调度所《行车设备检查登记簿》内登记限速或封锁。

第三节 冰雪天气行车

一、遇冰雪天气时的处置

（1）自然灾害及异物侵限监测系统雪深监测子系统报警雪深值达到警戒值时，列车调度员应根据报警信息和限速提示及时向相关列车发布限速运行的调度命令。对来不及发布调度命令的列车，应立即通知司机限速运行。

未安装雪深监测子系统的区段或雪深监测子系统故障时，工务、电务部门根据降雪情况和需要，在调度所《行车设备检查登记簿》内登记限速申请，并可根据积雪量变化情况，提出提速或进一步限速的申请，列车调度员要及时发布调度命令。

（2）安装动车组运行故障动态图像检测系统（TEDS）的区段，TEDS 监控中心要加强对动车组转向架结冰、积雪等情况的监测分析，发现动车组转向架结冰需限速运行时，应立即将车次及限速要求等按规定报告动车调度员。动车调度员通知列车调度员进行处置。

列车运行过程中，随车机械师发现动车组车底异响、动车组被击打等异常情况需要列车限速时，应立即通知司机限速。司机根据随车机械师的限速要求运行，并向列车调度员报告被击打地点里程，列车调度员不再发布限速调度命令。列车调度员通知动车调度员，提示后续首列列车司机、随车机械师在该被击打地点注意列车运行状态；动车调度员应立即通知前方 TEDS 监测点进行重点监测。列车通过该被击打地点后，司机、随车机械师应及时上报有关运行情况。

（3）降雪时，应根据线路积雪情况及时启用道岔融雪装置。降雪达到中雪及以上，车站道岔转动困难时，为减少道岔扳动，车站可采取固定接发车进路的方式办理接发列车作业，上下行各固定一条接发车进路。始发、终到列车较多的车站执行有困难时，可选择交叉干扰少、道岔位置改变少的几条线路相对固定办理接发车作业。较大客运站尽量停靠便于上水、吸污的线路。

（4）需人工上道除雪时，上、下道应执行登记签认制度。列车调度员应根据相关单位的申请，停止本线接发列车及调车作业，邻线列车限速 160 km/h 及以下。

（5）道床积雪、接触网结冰受电弓取流不畅时，司机应先采取减速措施，并及时向列车调度员汇报，列车调度员通知有关专业调度，专业调度及时通知有关设备管理单位，设备管理单位及时查明情况，按规定提出限速申请，列车调度员及时发布限速调度命令。

（6）供电部门应掌握接触网导线结冰情况，需要列车限速时，应立即登记《行车设备检查登记簿》，向列车调度员提出限速申请。需要接触网除冰时，供电部门提出除冰申请，列车调度员应及时安排接触网除冰车辆上线运行。

遇接触网导线覆冰时，可取消天窗停电作业，并在天窗时间内开行动车组、单机，进行热滑融冰。

（7）随车机械师在始发、折返站发现动车组转向架结冰、受电弓无法升起、动车组被击打等异常情况需要处理时，应及时通知司机，由司机报告列车调度员，列车调度员通知动车调度员，动车调度员根据随车机械师反映情况和车辆运用情况提出更换车底或限速申请，并组织入库动车组除雪融冰。

（8）降雪结束后，提出限速的设备管理单位应做好对有关行车条件的检查确认，及时恢复常速运行。在具备提速条件或限速情况消除时，应向列车调度员提出申请，列车调度员及时发布相关调度命令。雪后恢复常速运行的具体程序和办法由铁路局规定。

（9）列车调度员发现雪深监测子系统故障时，应立即通知设备管理单位，并在《行车设备检查登记簿》内登记；设备管理单位发现雪深监测子系统故障时，应立即报告列车调度员，并在调度所《行车设备检查登记簿》内登记。

二、冰雪天气限速要求

（1）当运行区段降中雪或积雪覆盖轨枕板或道砟面时，无砟轨道区段限速250 km/h及以下，有砟轨道区段限速200 km/h及以下；当运行区段降大雪、暴雪时，无砟轨道区段限速200 km/h及以下，有砟轨道区段限速160 km/h及以下。中雪、大雪、暴雪的界定，以气象部门公布或观测为准。

当无砟轨道区段轨枕板积雪厚度100 mm以上时，限速200 km/h及以下；有砟轨道区段道砟面积雪厚度50 mm以上时，限速160 km/h及以下。

（2）接触网导线结冰受电弓取流不畅时，限速160 km/h 及以下。

（3）动车组转向架结冰需要列车限速时，无砟轨道区段限速250 km/h及以下，有砟轨道区段限速200 km/h及以下。

第四节　异物侵限报警

1. 接到自然灾害及异物侵限监测系统异物侵限子系统灾害报警信息时的处置

（1）列车调度员接到异物侵限子系统异物侵限灾害报警信息后，应立即通知区间内已进入报警地点及尚未经过报警地点的列车立即停车，不再向该区间放行列车，同时向调度所值班主任（值班副主任）汇报，值班主任（值班副主任）应立即通知设备管理单位赶赴现场检查处理。

（2）在设备管理单位检查人员到达报警点前，列车调度员通过视频监控系统查看现场情况，有异状或不能确认时，必须经设备管理单位检查处理并具备放行列车条件后，方可组织列车运行。无异状时，按下列规定办理：

① 列车调度员确认报警地点次一个闭塞分区空闲后，对区间内已进入报警地点及尚未经过报警地点的列车，口头通知司机逐列恢复运行，以遇到障碍能随时停车的速度（动车组列车最高不超过40 km/h，其他列车最高不超过20 km/h）越过报警点所在闭塞分区，指示后列恢复运行前必须确认前列已完整越过报警点次一个闭塞分区并得到前列无异状的报告。

② 司机在报警点所在闭塞分区通过信号机（区间信号标志牌）前停车等候2 min后，以遇到障碍能随时停车的速度（动车组列车最高不超过40 km/h，其他列车最高不超过20 km/h）越过该闭塞分区，按次一通过信号机显示（列控车载设备显示）运行。司机应加强瞭望，发现异状立即停车，并报告列车调度员；如无异状，司机确认列车完全越过报警点次一个闭塞分区后应及时报告列车调度员。司机在停车等候的同时，必须与列车调度员联系，如确认前方闭塞分区内有列车时，不得进入。

③ 区间空闲后，在报警点所在闭塞分区红光带取消前，按站间组织行车。

（3）经设备管理单位现场检查处理，列车调度员根据设备管理单位在《行车设备检查登记簿》内登记的行车限制条件组织列车运行。具备条件时，列车调度员根据设备管理单位允许取消报警点所在闭塞分区红光带的登记，使用临时行车按钮取消异物侵限灾害报警红光带。

（4）在故障未修复前，设备管理单位须派人在现场看守，并及时向列车调度员报告现场情况，在报警点所在闭塞分区红光带取消后，列车调度员应下达限速120 km/h及以下注意运行的调度命令，限速位置为报警点所在闭塞分区，司机应加强瞭望。

（5）故障修复后，列车调度员将自然灾害及异物侵限监测系统中复原按钮解锁，使系统恢复到正常状态，恢复正常行车组织。

2. 自然灾害及异物侵限监测系统异物侵限子系统一路电网断线报警时的处置

当双电网的一路电网断线时，异物侵限子系统发出异物侵限传感器故障报警信息，自然灾害及异物侵限监测系统不向列控系统发送灾害报警信息，不影响正常行车。列车调度员接到异物侵限子系统一路电网断线报警信息后，应按正常组织行车，并立即通知设备管理单位检查处理。

3. 自然灾害及异物侵限监测系统异物侵限子系统故障导致系统不能反映现场情况时的处置

（1）列车调度员发现异物侵限子系统故障导致系统不能反映现场情况时，应立即通知设备管理单位，并在《行车设备检查登记簿》内登记；设备管理单位发现异物侵限子系统故障时，应立即报告列车调度员，并在调度所《行车设备检查登记簿》内登记。

（2）异物侵限子系统故障未修复前，设备管理单位须派人在现场看守，并及时向列车调度员报告现场情况，列车调度员应下达限速120 km/h及以下注意运行的调度命令，限速位置为监测点所在闭塞分区，司机应加强瞭望。遇有异物侵限时，看守人员应立即通知列车调度员，列车调度员呼叫列车停车。

（3）在看守人员未到达异物侵限监测点前，列车调度员应下达限速120 km/h及以下（异物侵限监测点为隧道口时，限速40 km/h及以下）注意运行的调度命令，限速位置为监测点所在闭塞分区，司机在该处注意运行。

第五节　地震监测报警

列车调度员接到地震监测子系统地震监控报警信息或接到现场地震报告后，应立即关闭有关信号（车站控制时为通知车站值班员关闭有关信号），通知相关列车停车。列车司机组织列车乘务人员根据现场实际情况，采取应急处置措施。

列车调度员立即报告调度所值班主任（值班副主任），通知工务、电务、供电、通信、房建等设备管理单位检查。设备管理单位检查处理后，根据设备管理单位登记的行车限制条件组织行车。

第六节　天气恶劣难以辨认信号行车

1. 接到天气恶劣报告时的处置

遇天气恶劣，信号机显示距离不足200 m时，司机或车站值班员须立即报告列车调度员。列车按地面信号显示运行时，列车调度员应及时发布调度命令，改按天气恶劣难以辨认信号的办法行车。

2. 天气恶劣难以辨认信号时的行车办法

（1）列车按机车信号的显示运行。当接近地面信号机时，司机应确认地面信号，遇地面信号与机车信号显示不一致时，应立即采取减速或停车措施。

（2）当无法辨认出站（进路）信号机显示时，在列车具备发车条件后，司机凭机车信号的显示起动列车，在确认出站（进路）信号机显示正确后，再行加速。

（3）天气转好时，应及时报告列车调度员发布调度命令，恢复正常行车。

专栏10-1
一、事故概况 2010年7月3日11时19分，××城际铁路（线路允许速度350 km/h区段）乙站至丁站间自然灾害和异物侵限监测系统K57+078风速监测点报警，依据规定和系统预置，该系统提示K45+153至K62+387处限速300 km/h。列车调度员立即在调度终端提示界面上确认报警地点，呼叫已进入该限速地段的G7271、G7146、G7139、G7016次列车司机将速度降至300 km/h。 11时25分，向相关司机发布第9258号限速调度命令；11时26分，列车调

度和助理调度“两人确认”，分别设置该地段上、下行列控限速。

12时31分，甲站至丙站间自然灾害和异物侵限监测系统K45 +153风速监测点报警，系统提示K36+006至K57+078处限速300 km/h；列车调度员立即确认报警地点，呼叫已进入该限速地段的G7139、G7148、G7202次列车司机将速度降至300 km/h；于12时33分向相关司机发布第9261号限速调度命令。

12时35分，在设置该地段上、下行列控限速时，因系统提示的限速范围里程与前次系统报警后设置的列控限速里程有重叠部分（K45+153至K57+078处），列控限速无法设置。

直至12时38分，乙站至丁站间K57+078风速监测点报警解除后，列车调度员分别取消K45+153至K62+387处上、下行列控限速；并于12时41分、12时42分经列车调度和助理调度两人确认，分别设置甲站至丙站间K36+006至K57+078处上、下行列控限速。

二、经验总结

调车作业一定要符合相关规范，案例中的作业，不太符合以下条文要求：

（1）遇风速监测子系统提示大风报警信息时，列车调度员根据报警提示向相关列车发布限速运行的调度命令。对来不及发布调度命令的列车，立即通知司机限速运行。司机接到调度命令或通知后，应立即采取措施。

（2）需临时限速时，应由有关单位（人员）提出限速申请或由自然灾害及异物侵限监测系统报警提示。列车调度员应按规定发布临时限速调度命令，并设置列控限速（针对某一列车的限速除外）；来不及时，应立即通知司机限速运行，司机按列车调度员通知的限速要求控制列车运行。

（3）在同一处所（地段），当多个单位、自然灾害及异物侵限监测系统提出的限速要求不一致时，列车调度员按最低限速值发布临时限速调度命令。

第11章 设备故障行车

本章重点：

（1）列控设备故障。
（2）信号设备故障。

第一节　列控设备故障

一、列控车载设备不能正常使用

（1）动车组列车运行中遇列控车载设备故障并导致列车停车后，为了使列车调度员（车站值班员）掌握该列车的运行情况，及时调整列车运行，司机应报告列车调度员或车站值班员，车站值班员接到报告后应报告列车调度员。为了使随车机械师掌握动车组列车停车情况及做好相关配合工作，司机应通知随车机械师。同时，由于在列控车载设备故障的情况下，装备LKJ的动车组列车与未装备LKJ的动车组列车的行车办法不同，部分动车组列车装备有LKJ，为了便于列车调度员（车站值班员）正确掌握动车组列车是否装备LKJ，采用正确的行车办法，司机还应报告列车调度员或车站值班员动车组列车是否装备了LKJ。动车组列车列控车载设备均设有冗余设备，遇列控车载设备故障可采用转换冗余切换开关启动冗余设备，或者将列控车载设备断电30 s后重新启动，重启后，列控车载设备进行系统重新检测和复位，有可能使系统恢复正常。断电30 s后重新启动是为了保护车载安全计算机，防止造成车载安全计算机损坏。

（2）已在区间内运行的动车组列车列控车载设备故障不能恢复正常运行但能提供机车信号时，司机应报告列车调度员或车站值班员，车站值班员报告列车调度员。列车调度员（车站值班员）根据动车组列车是否装备了LKJ以及其运行区间的信号设备不同，采用不同的行车办法。

对于装备LKJ的动车组列车，采用LKJ设备控车，在信号机常态点灯的CTCS-2级区段，动车组列车按地面信号显示运行；在CTCS-3级及信号机常态灭灯的CTCS-2级区段，由于区间未设地面通过信号机，为保证列车运行安全，列车调度员在确认该列车至前方站（线路所）间空闲后，发布改按LKJ方式行车的调度命令，动车组列车改按LKJ方式运行（进站信号机需点灯），后续按列控车载设备方式控车的动车组列车可以继续追踪运行。

对于未装备LKJ的动车组列车，由于该列车列控车载设备故障，只能改按隔离模式运行。动车组列车按隔离模式运行时一般情况下最高运行速度不超过40 km/h，而在高速铁路上列车运行速度高，如动车组列车正常情况下运行速度一般为200 km/h以上，速度差异过大，所以规定列车调度员（车站值班员）接到报告后不再向该区间放行列车，并通知已进入区间的后续列车立即停车，该区间后方站（线路所）为车站控制时，列车调度员还应通知车站值班员不再向该区间放行列车。在确认该列车至前方站（线路所）间空闲后，列车调度员发布改按隔离模式运行的调度命令，列车改按隔离模式，按地面信号显示以不超过40 km/h的速度运行至前方站（线路所）。该列车到达前方站（线路所）后，列车调度员方可通知后续列车恢复运行，该区间后方站（线路所）为车站控制时，列车调度员应亲自或指示车站值班员通知后续列车恢复运行。

（3）动车组列控车载设备故障不能恢复正常运行在车站出发时，对装备LKJ的动车组列车，列车调度员发布改按LKJ方式运行的调度命令，在CTCS-3级及信号机常态灭灯的CTCS-2级区段，信号机应点灯；对未装备LKJ的动车组列车，列车调度员发布改按隔离模式运行的调度命令，动车组列车按隔离模式运行，运行速度不超过40 km/h，在CTCS-3级及信号机常态灭灯的CTCS-2级区段，信号机应点灯。

（4）因设备故障，动车组列控车载设备在CTCS-3级与CTCS-2级间进行转换时，为了让列车调度员掌握动车组列车运行情况，组织列车运行，司机应报告列车调度员。

二、LKJ、GYK、机车信号故障

（1）按LKJ方式运行的动车组列车在自动闭塞区间内遇机车信号或LKJ故障时，动车组列车不能通过LKJ设备控车，为了保证列车运行安全，所以规定司机应报告列车调度员或车站值班员，车站值班员报告列车调度员。列车调度员（车站值班员）不再向该区间放行列车，并通知已进入区间的后续列车立即停车，该区间后方站（线路所）为车站控制时，列车调度员还应通知车站值班员不再向该区间放行列车。列车调度员确认该列车至前方站（线路所）间空闲后通知司机，列车按地面信号显示以不超过40km/h的速度运行至前方站（线路所），运行中司机要加强对地面信号显示的确认。该列车到达前方站（线路所）后，列车调度员方可通知后续列车恢复运行，该区间后方站（线路所）为车站控制时，列车调度员应亲自或指示车站值班员通知后续列车恢复运行。

（2）按LKJ方式运行的动车组列车遇机车信号或LKJ故障在车站出发时，只能改按隔离模式运行。列车调度员发布改按隔离模式运行的调度命令，动车组列车按隔离模式运行，运行速度不超过40 km/h。在CTCS-3级及信号机常态灭灯的CTCS-2级区段，信号机应点灯。

（3）动车组以外的列车，只有LKJ（GYK）一种列车运行控制设备，在自动闭塞区间内运行遇机车信号或LKJ（GYK）故障时，为了保证列车运行安全，司机应报告列车调度员或车站值班员，车站值班员报告列车调度员。列车调度员（车站值班员）不再向该区间放行列车，并通知已进入区间的后续列车立即停车，该区间后方站（线路所）为车站控制时，列车调度员应通知车站值班员不再向该区间放行列车。列车调度员确认该列车至前方站（线路所）间空闲后通知司机，列车按地面信号显示以不超过20 km/h的速度运行至前方站停车处理或更换机车[前方为线路所时,需在确认线路所至下一站(线路所)间空闲后，开放线路所通过信号机，将列车放行到下一站（线路所），直至到达车站后方可进行停车处理或更换机车]，运行中司机要加强对地面信号显示的确认。该列车到达前方站（线路所）后，列车调度员方可通知后续列车恢复运行，该区间后方站（线路所）为车站控制时，列车调度员应亲自或指示车站值班员通知后续列车恢复运行。

第二节　信号设备故障

一、CTC故障

（1）列车车次号错误或丢失。

① 列车调度员发现 CTC 终端列车车次号错误或丢失时，应进行核对确认，重新输入正确的车次号。

② 车站值班员发现 CTC 终端列车车次号错误或丢失时，应报告列车调度员，与列车调度员核对确认后，重新输入正确的车次号。

（2）CTC 不能下达列车运行计划。

① CTC 不能下达列车运行计划时，列车调度员通知电务部门进行检查处理，并在《行车设备检查登记簿》内登记。

② 通知车站转为非常站控。

③ 采取电话等方式下达列车运行计划。

（3）CTC 不能自动触发进路时，列车调度员（车站控制时为车站值班员）应采取人工触发进路或人工排列进路方式办理，并通知电务部门进行处理，在《行车设备检查登记簿》内登记。

（4）当 CTC 设备登记停用或全站表示信息中断未及时恢复时，应转为非常站控。

（5）调度所及车站 CTC 设备均不能正确显示列车占用状态。

① 调度所及车站 CTC 设备均不能正确显示列车占用状态时，列车调度员应立即通知已进入区间的列车司机立即停车，通知电务部门进行处理。

② CTC 设备不能正确显示列车占用状态故障暂时无法修复，具备放行列车条件时，列车调度员根据电务部门登记的行车限制条件放行列车，通知车站转为非常站控。对已进入区间的列车，列车调度员确认列车至前方站（线路所）间空闲后，通知列车司机逐列恢复运行，指示后列恢复运行前必须确认前列已完整到达前方站（线路所）。司机按信号显示运行，逐列运行至前方站（线路所）。

区间空闲后，按站间组织行车。

③ CTC设备不能正确显示列车占用状态故障修复，列车调度员根据电务部门的销记，通知有关列车司机恢复正常行车。

二、进站、出站、进路信号机、线路所通过信号机故障或车站（线路所）道岔失去表示、轨道电路非列车占用红光带

（1）进站（接车进路）信号机故障或接车进路上道岔失去表示、轨道电路非列车占用红光带。

① 列车调度员（车站控制时为车站值班员）通知设备管理单位进行检查处理，在《行车设备检查登记簿》内登记。

② 设备故障修复，列车调度员（车站控制时为车站值班员）根据设备管理单位的销记，开放进站（接车进路）信号办理接车。

③ 设备故障暂时无法修复，具备放行列车条件时，列车调度员（车站控制时为车站值班员）根据设备管理单位登记的行车限制条件组织行车。

a. 进站（接车进路）信号机引导信号能够开放时，在确认接车进路空闲、进路准备妥当后，开放引导信号办理接车。

b. 进站（接车进路）信号机引导信号不能开放时，在确认接车进路空闲、进路准备妥当后，列车调度员发布准许越过该信号机的调度命令，司机凭调度命令越过该信号机。动车组列车在进站（接车进路）信号机前停车后，装备LKJ的动车组列车将列控车载设备隔离，按LKJ方式运行，速度不超过40 km/h；未装备LKJ的动车组列车改按隔离模式进站停车。动车组以外的列车按LKJ（GYK）方式运行，速度不超过20 km/h。

（2）出站（发车进路）信号机故障或发车进路上道岔失去表示、轨道电路非列车占用红光带。

① 列车调度员（车站控制时为车站值班员）通知设备管理单位进行检查处理，在《行车设备检查登记簿》内登记。

② 设备故障修复，列车调度员（车站控制时为车站值班员）根据设备管理单位的销记，开放出站（发车进路）信号机办理发车。

③ 设备故障暂时无法修复，具备放行列车条件时，列车调度员（车站控制时为车站值班员）根据设备管理单位登记的行车限制条件组织行车。

a. 出站信号机不能开放时：

（a）出站信号机引导信号能够开放时，在确认第一个闭塞分区空闲（CTCS-3级及信号机常态灭灯的CTCS-2级自动闭塞区间对LKJ或GYK控车的列车和自动站间闭塞区间为确认区间空闲）和发车进路空闲，进路准备妥当后，开放引导信号办理发车。

（b）出站信号机未设引导信号或引导信号不能开放时，按以下方式办理发车：

在CTCS-3级及信号机常态灭灯的CTCS-2级自动闭塞区段，信号机应点灯，在确认区间空闲和发车进路空闲，进路准备妥当后，列车调度员发布准许进入区间的调度命令，

司机凭调度命令进入区间。装备LKJ的动车组列车将列控车载设备隔离，按LKJ方式运行至前方站进站信号机（线路所通过信号机），按其显示的要求执行；未装备LKJ的动车组列车改按隔离模式运行至前方站进站信号机（线路所通过信号机），按其显示的要求执行；动车组以外的列车按LKJ（GYK）方式运行，运行至前方站进站信号机（线路所通过信号机），按其显示的要求执行。

在信号机常态点灯的CTCS-2级自动闭塞区段，确认第一个闭塞分区空闲（未装备LKJ的动车组列车为确认区间空闲）和发车进路空闲，进路准备妥当后，列车调度员发布准许进入区间的调度命令，司机凭调度命令进入区间。装备LKJ的动车组列车将列控车载设备隔离，按LKJ方式运行，以不超过40 km/h的速度运行至区间第一架通过信号机，按其显示的要求执行；未装备LKJ的动车组列车改按隔离模式运行至前方站进站信号机（线路所通过信号机），按其显示的要求执行；动车组以外的列车按LKJ（GYK）方式运行，以不超过20 km/h的速度运行至区间第一架通过信号机，按其显示的要求执行。

自动站间闭塞区段，在确认区间空闲后，应停止使用基本闭塞法改按电话闭塞法行车，确认发车进路空闲和进路准备妥当后，发布调度命令，司机凭调度命令进入区间。装备LKJ的动车组列车（需将列控车载设备隔离）、动车组以外的列车，按LKJ（GYK）方式运行至前方站进站信号机（线路所通过信号机），按其显示的要求执行；未装备LKJ的动车组列车改按隔离模式运行至前方站进站信号机（线路所通过信号机），按其显示的要求执行。

b. 发车进路信号机不能开放时：

（a）发车进路信号机能开放引导信号时，在确认发车进路空闲和进路准备妥当后，开放引导信号办理发车。

（b）列车由车站开往区间，发车进路信号机未设引导信号或引导信号不能开放时，在确认发车进路空闲和进路准备妥当后，列车调度员发布准许越过该信号机的调度命令，司机凭调度命令越过该信号机。装备 LKJ 的动车组列车将列控车载设备隔离，按 LKJ 方式，以不超过 40 km/h 的速度运行至次一信号机前停车，转回列控车载方式控车；未装备 LKJ 的动车组列车改按隔离模式，运行至次一信号机前停车，转回列控车载方式控车；动车组以外的列车按 LKJ（GYK）方式，以不超过 20 km/h 的速度运行至次一信号机，按其显示要求执行。

④ 出站信号机不能开放时，除按规定交付行车凭证外，对通过列车应预告司机。装有进路表示器或发车线路表示器的出站信号机，当该表示器不良时，由列车调度员（车站控制时为车站值班员）通知司机；司机发现表示器不良时，应及时报告列车调度员（车站值班员）。

（3）线路所通过信号机故障或进路上道岔失去表示、轨道电路非列车占用红光带。

① 列车调度员（车站控制时为车站值班员）通知设备管理单位进行检查处理，在《行车设备检查登记簿》内登记。

② 设备故障修复，列车调度员（车站控制时为车站值班员）根据设备管理单位的销记，恢复正常组织行车。

③ 设备故障暂时无法修复，具备放行列车条件时，列车调度员（车站控制时为车站值班员）根据设备管理单位登记的行车限制条件组织行车。

（a）线路所通过信号机引导信号能够开放时，在确认第一个闭塞分区空闲（CTCS-3级及信号机常态灭灯的 CTCS-2 级自动闭塞区间对 LKJ 或 GYK 控车的列车和自动站间闭塞区间为确认区间空闲）和进路空闲，进路准备妥当后，开放引导信号办理行车。

（b）线路所通过信号机引导信号不能开放，列车开往 CTCS-3 级及信号机常态灭灯的 CTCS-2 级自动闭塞区间时，信号机应点灯，在确认区间空闲和进路空闲，进路准备妥当后，列车调度员发布准许越过该信号机的调度命令，司机凭调度命令越过该信号机。装备 LKJ 的动车组列车将列控车载设备隔离，改按 LKJ 方式运行，运行至前方站进站信号机（线路所通过信号机），按其显示的要求执行；未装备 LKJ 的动车组列车改按隔离模式运行，运行至前方站进站信号机（线路所通过信号机），按其显示的要求执行；动车组以外的列车按 LKJ（GYK）方式运行，运行至前方站进站信号机（线路所通过信号机），按其显示的要求执行。

线路所通过信号机引导信号不能开放，列车开往信号机常态点灯的CTCS-2级自动闭塞区间时，在确认区间第一个闭塞分区空闲（未装备LKJ的动车组列车为确认区间空闲）和进路空闲，进路准备妥当后，列车调度员发布准许越过该信号机的调度命令，司机凭调度命令越过该信号机。装备LKJ的动车组列车将列控车载设备隔离，按LKJ方式运行，以不超过40 km/h的速度运行至区间第一架通过信号机，按其显示的要求执行；未装备LKJ的动车组列车改按隔离模式运行，运行至前方站进站信号机（线路所通过信号机），按其显示的要求执行；动车组以外的列车按LKJ（GYK）方式运行，以不超过20 km/h的速度运行至区间第一架通过信号机，按其显示的要求执行。

线路所通过信号机引导信号不能开放，列车开往自动站间闭塞区间时，在确认区间空闲后，应停止使用基本闭塞法改按电话闭塞法行车，确认进路空闲和进路准备妥当后，发布调度命令，司机凭调度命令越过线路所通过信号机。装备LKJ的动车组列车（需将列控车载设备隔离）、动车组以外的列车，按LKJ（GYK）方式运行至前方站进站信号机（线路所通过信号机），按其显示的要求执行；未装备LKJ的动车组列车改按隔离模式运行至前方站进站信号机（线路所通过信号机），按其显示的要求执行。

（3）做出以上规定，主要依据的原则。

① 进站、出站、进路信号机、线路所通过信号机故障或车站（线路所）道岔失去表示、轨道电路非列车占用红光带，都会造成信号机不能正常开放。列车调度员（车站控制时为车站值班员）应根据信号机是否安装了引导信号确定进路准备方式，能够开放引导信号的，开放引导信号办理接发列车，不能开放引导信号的，按规定准备进路。

② 未设引导信号或引导信号不能开放时，由于进路正确性不能通过开放信号来保证，需采取人工方式准备、确认进路，司机也不能通过列控车载设备或地面信号的显示确认进路是否正确，为了保证接发列车的安全，应通过严格的行车手续，在确认进路空闲、进路准备妥当后，列车调度员发布准许越过该信号机的调度命令，司机凭调度命令越过该信号机。

③ 为了防止在信号（含引导信号）未开放的情况下，动车组司机误操作闯过信号机，在进站（接车进路）、出站（发车进路）、线路所通过信号机外方的有源应答器发送的报文中包含“绝对停车”信息包，在信号（含引导信号）未开放且未将列控车载设备隔离的情况下，动车组列车经过该应答器接收到该应答器报文后，会触发紧急制动停车。为了避免司机按目视等行车模式越过未开放的进站（接车进路）、出站（发车进路）、线路所通过信号机而造成的紧急制动停车，所以规定，在上述信号机未设引导信号或引导信号不能开放时，动车组列车在该信号机前停车后，装备LKJ的动车组列车将列控车载设备隔离改按LKJ方式运行，未装备LKJ的动车组列车改按隔离模式运行。

a. 发车进路信号机未设引导信号或引导信号不能开放时，动车组列车在该信号机前停车后，装备LKJ的动车组列车将列控车载设备隔离改按LKJ方式运行，未装备LKJ的动车组列车改按隔离模式运行。

动车组列车按上述方式越过发车进路信号机后如次一信号机正常，考虑到高速铁路站间距较大，动车组列车如按原控车模式继续运行，势必因运行速度低而影响列车运行秩序，所以规定，动车组列车在次一信号机前停车，转回列控车载方式控车，恢复正常运行。

b. 进站（接车进路）信号机引导信号不能开放时，为保证列车运行安全，动车组列车应以不超过40 km/h（动车组以外的列车不超过20 km/h）的速度进站，并做好随时停车的准备，以防进路准备错误或进路上有障碍物时发生脱轨、冲突，司机发现异常情况后可以立即停车。

c. 出站信号机未设引导信号或引导信号不能开放时，为了使司机提前掌握，对通过列车应预告司机，列车调度员（车站值班员）按规定交递行车凭证，列车可不停车通过车站。出站信号机的进路表示器的显示，不作为行车凭证，只表示列车应经由的进路及其准备状况。发车线路表示器，只是在一个线群中数条股道共用一个出站信号机时，用来指示线群内哪一股道的列车可以出发，也不是行车凭证。因此，当上述这两种表示器发生故障时，列车调度员（车站值班员）只需口头通知司机即可。

三、区间通过信号机故障或闭塞分区轨道电路非列车占用红光带（异物侵限报警红光带除外）

区间内通过信号机故障（包括显示停车信号及显示不明或灯光熄灭）或闭塞分区非列车占用红光带的原因主要有以下几项：

（1）通过信号机显示红色灯光时，可能是前方闭塞分区内有列车或机车、车辆占用；也可能是由于线路上有障碍物引起轨道电路短路或钢轨折断；还可能是轨道电路故障或通过信号机的灯泡断丝而引起的灯光转移等原因所致。

（2）通过信号机信号显示不明，可能是因天气关系，如灯光被飘雪、扬沙所遮盖等；也可能是自动闭塞设备发生故障等原因所致。

（3）通过信号机灯光熄灭，既可能是灯泡断丝或灯泡松动，也可能是临时断电等原因所致。

（4）闭塞分区非列车占用红光带，可能是由于线路上有障碍物引起轨道电路短路，也可能是钢轨折断，还可能是轨道电路故障等原因所致。

具体的处理措施如下：

（1）列车调度员（车站值班员）发现及得到区间通过信号机故障或闭塞分区非列车占用红光带的信息时，列车调度员（车站值班员）应立即通知区间内已进入故障地点及尚未经过故障地点的列车司机立即停车，通知设备管理单位进行检查处理，并在《行车设备检查登记簿》内登记。车站值班员应立即报告列车调度员。

设备管理单位未销记确认可以放行列车前，不得再向该区间放行列车。

设备故障修复，列车调度员根据设备管理单位的销记，通知有关列车司机恢复正常行车。

（2）区间通过信号机（闭塞分区非列车占用红光带）故障暂时无法修复，具备放行列车条件时，根据设备管理单位登记的行车限制条件组织行车。待故障地点（发生两处及以上故障时，为运行方向第一故障地点）前的列车运行至前方站（线路所），对区间内已进入故障地点及尚未经过故障地点的列车，列车调度员确认列车至前方站（线路所）间空闲后，通知列车司机故障闭塞分区起止里程及防护该闭塞分区的通过信号机号码，逐列恢复运行至前方站（线路所），指示后列恢复运行前必须确认前列已完整到达前方站（线路所）。列车恢复运行时，司机在该闭塞分区通过信号机（区间信号标志牌）前停车等候2 min后，以遇到障碍能随时停车的速度，最高不超过20 km/h（动车组列车不超过40 km/h），越过该闭塞分区，按次一通过信号机显示（列控车载设备显示）运行，司机应加强瞭望。司机在停车等候的同时，必须与列车调度员联系，如确认前方闭塞分区内有列车时，不得进入。高铁通信条件好，司机停车后暂时未与列车调度员联系上时，同样也不得进入，应继续与列车调度员进行联系。

区间空闲后，按站间组织行车。

四、站内轨道电路分路不良

轨道电路能显示机车车辆占用情况，是保证联锁条件正确的前提条件之一。由于钢轨轨面生锈、钢轨或机车车辆轮对上粘有异物等情况，会造成轨道电路分路不良，机车车辆压上轨道电路后可能会没有占用表示。在办理经由分路不良区段的接发列车与调车作业进路时，如果不确认进路上有关的分路不良区段空闲，不将进路上的分路不良区段道岔单独锁闭，就有可能造成向占用线路接车、道岔途中转换等问题的发生。

由于轨道电路分路不良有很大的危害性，为了保证列车调度员、车站准确掌握轨道电路分路不良情况，所以电务部门检查发现轨道电路分路不良时，要及时在车站、列车调度台《行车设备检查登记簿》内登记并在CTC终端上进行标注，告知列车调度员、车站值班员（车务应急值守人员）；列车调度员、车站值班员发现机车车辆占用不显示、机车车辆通过后进路漏解锁或光带不消失时，要登记《行车设备检查登记簿》，通知电务人员检查处理。轨道电路分路不良区段恢复正常时，电务部门要在车站、列车调度台《行车设备检查登记簿》内同时办理销记手续。

列车调度员（车站控制时为车站值班员）办理经由分路不良区段的进路时，执行以下规定：

（1）办理进路前，列车调度员（车站值班员）必须亲自或指派其他人员（集控站为车务应急值守人员组织电务、工务人员）确认与进路有关的所有分路不良区段空闲后，方可准备进路，并将分路不良区段的道岔单独锁闭；列车（机车车辆）未全部出清轨道电路分路不良区段前，严禁操纵有关道岔及其防护道岔，不得解除分路不良区段道岔单独锁闭。

（2）调车作业时，询问并得到调车人员或司机汇报机车车辆出清道岔轨道电路分路不良区段后，方可扳动道岔，开放信号。

（3）在轨道电路分路不良的股道上停放车辆时，必须对股道两端信号进行钮封。

（4）遇有列车（机车车辆）通过后进路漏解锁、光带不消失时的情况，必须确认列车（机车车辆）已通过该区段后，方可对该区段进行人工解锁。

五、列车占用丢失

列车占用丢失报警功能技术要求：当列车在区间时，所在闭塞分区列车占用红光带消失后、连续15 s前方闭塞分区无占用红光带表示，即报警；当列车在站内股道时，所在股道红光带消失后，连续15 s相邻轨道电路无占用红光带表示，即报警。

CTC/TDCS设备发生列车占用丢失报警（根据报警技术条件等规定能立即判断为误报警时除外）、得到列车占用丢失的报告、通过CTC/TDCS设备发现列车占用丢失的情况，均视为列车占用丢失。

（一）区间列车占用丢失

（1）区间列车占用丢失报警或列车调度员（车站值班员）发现及得到区间列车占用丢失信息时，列车调度员（车站值班员）应立即通知已进入区间的后续列车立即停车，再通知占用丢失的列车停车。车站值班员应立即报告列车调度员。

（2）列车调度员（车站值班员）联系占用丢失的列车司机，询问列车位置及现场情况，通知电务部门检查处理，在《行车设备检查登记簿》内登记。

（3）电务部门未销记确认可以放行列车前，不得再向该区间放行列车。

（4）设备故障修复，列车调度员根据电务部门的销记，通知有关列车司机恢复正常行车。

（5）设备故障暂时无法修复，占用丢失的列车运行无异常，具备放行列车条件时，根据电务部门登记的行车限制条件组织行车。对已进入区间的占用丢失的列车和后续列车，列车调度员确认列车至前方站（线路所）间空闲后，通知司机逐列恢复运行，指示后列恢复运行前必须确认前列已完整到达前方站（线路所）。司机按信号显示运行，逐列运行至前方站（线路所）。区间空闲后，按站间组织行车。

（二）站内股道列车占用丢失

（1）站内股道列车占用丢失报警或列车调度员（车站控制时为车站值班员）发现及得到站内股道列车占用丢失信息时，应立即停止使用该故障区段。

（2）列车调度员（车站值班员）联系占用丢失的列车司机，询问列车位置及现场情况，通知电务部门检查处理，在《行车设备检查登记簿》内登记。

（3）设备故障修复，列车调度员（车站值班员）根据电务部门的销记，恢复正常行车。

（4）设备故障暂时无法修复时，经电务部门检查处理后，根据电务部门登记的行车限制条件组织行车。

第三节　通信设备故障

一、 FAS（固定用户接入交换机）故障

（一）调度台 FAS 均故障

（1）列车调度员通知通信部门检查处理，在《行车设备检查登记簿》内登记。

（2）列车调度员指示车务应急值守人员转为车站控制办理行车。

因高速铁路的列车运行密度大、调度台管辖多个车站，在调度台FAS均故障时，列车调度员无法通过FAS快捷地与车站和司机联系，无法及时发布口头指示和指挥行车，所以要尽快利用其他通信工具指示车务应急值守人员转为车站控制办理行车。

（3）设备故障修复后，列车调度员根据通信部门在《行车设备检查登记簿》内的销记，恢复设备正常使用和正常行车组织。

（二）车站 FAS 故障

（1）车站值班员（车务应急值守人员）通知通信部门检查处理，在《行车设备检查登记簿》内登记，报告列车调度员。

（2）车站值班员（车务应急值守人员）使用GSM-R手持终端或有语音记录装置的自动电话办理行车通话。

（3）故障修复后，车站值班员（车务应急值守人员）根据通信部门在《行车设备检查登记簿》内销记，恢复设备正常使用。

（三）GSM-R 故障

GSM-R从功能上可分为数据传输单元、电路域数据传输和语音通信功能。GSM-R分组数据传输功能失效时，会影响调度命令无线传送和进路预告信息发送功能。此时，向司机发布的调度命令，按《铁路运输调度规则》等规定准许采用列车无线调度通信设备以语音通信方式发布、转达或以书面方式人工交递。电路域数据传输功能失效时，将

会导致装备CTCS-3级列控的动车组列车通信连接超时，降级为CTCS-2级。GSM-R智能网功能失效无法使用车次功能号呼叫时，列车调度员、车站值班员和列车司机间可使用电话号码（ISDN和MSISDN）进行呼叫。故做出以下规定：

（1）列车调度员（车站值班员）得到GSM-R故障的报告后，应立即通知通信部门检查处理，在《行车设备检查登记簿》内登记。车站值班员接到报告后应及时报告列车调度员，列车调度员报告调度所值班主任（值班副主任）。

（2）根据通信部门在《行车设备检查登记簿》内登记的停用内容、影响范围及行车限制条件，按下列规定办理：

① GSM-R 故障导致 CTCS-3 级降为 CTCS-2 级时，按 CTCS-2 级行车。

② 影响调度命令无线传送功能时，向司机发布的调度命令，按规定采用列车无线调度通信设备发布、转达或采用人工书面交递方式。

③ 遇无进路预告信息，司机须报告列车调度员（车站值班员），列车由正线通过改为侧线接车时，列车调度员（车站控制时为车站值班员）应提前预告司机。

提前掌握前方进路情况，司机才能做到心中有数、提前准备，所以一旦司机未收到进路预告信息时，要及时报告列车调度员（车站控制时为车站值班员），以便于列车调度员（车站值班员）掌握有关情况。

在列车无进路预告信息的情况下，列车由正线通过改为侧线接车时，列车要从经道岔直向改为经道岔侧向运行，列车调度员（车站控制时为车站值班员）应提前预告司机，目的就是使司机提前了解前方站进路情况，提前做好控车降速准备。

（3）设备故障修复后，列车调度员（车站值班员）根据通信部门在《行车设备检查登记簿》内的销记，恢复设备正常使用。

（四）机车综合无线通信设备故障

机车综合无线通信设备（CIR）从功能上可分为数据传输单元和语音单元。数据传输单元故障时，将不能通过无线方式接收调度命令和进路预告信息。语音单元故障时，司机可使用GSM-R手持终端进行通话。在机车综合无线通信设备或GSM-R手持终端均故障不能通话的情况下，司机可临时借用列车上其他工作人员的GSM-R手持终端并向列车调度员报告，在借用的GSM-R手持终端也故障的情况下，由于没有了可靠的联系手段，一旦区间发生危及安全的情况（如异物侵限、线路晃车、区间轨道电路红轨、接触网挂异物、占用丢失、区间被迫停车等），列车调度员（车站控制时为车站值班员）将无法及时通知司机并采取措施，所以，为保证列车运行的安全，该列车应运行到前方站停车报告；待机车综合无线通信设备或GSM-R手持终端修复或更换性能良好的设备，或者司机临时借用车站或车站通信工区的GSM-R手持终端后，方准继续运行，确保列车运行中司机与列车调度员、车站值班员间的联系畅通。根据以上原则，做出如下规定：

（1）司机报告列车调度员（车站值班员），车站值班员报告列车调度员。

① 影响调度命令无线传送功能时，向司机发布的调度命令，按规定采用列车无线调度通信设备发布、转达或采用人工书面交递方式。

② 遇无进路预告信息，司机须报告列车调度员（车站值班员），列车由正线通过

改为侧线接车时，列车调度员（车站控制时为车站值班员）应提前预告司机。

③ 机车综合无线通信设备不能通话时，司机应立即使用GSM-R手持终端报告列车调度员（车站值班员）。如GSM-R手持终端也不能进行通话时，司机应在前方站停车报告；机车综合无线通信设备或GSM-R手持终端修复（更换）后，方准继续运行。

（2）设备故障修复后，恢复设备正常使用。

（五）列车调度员、车站值班员因无线通信设备故障，均无法与司机取得联系

列车调度员、车站值班员因无线通信设备故障均无法与司机取得联系时，一旦有危及安全的紧急情况将无法与司机联系，所以规定在这种情况下不得向区间放行列车。该处无线通信设备系指能保证列车调度员、车站值班员与司机间在站内及区间保持可靠联系的通信联系设备，高速铁路一般为 FAS 和 GSM-R 手持终端。因此做出如下规定：

（1）不得向区间放行列车。

（2）列车调度员（车站值班员）通知通信部门检查处理，在《行车设备检查登记簿》内登记。

（3）通信部门抢修完毕后，列车调度员根据通信部门在《行车设备检查登记簿》内销记，恢复正常行车组织。

第四节　弓网系统故障

一、接触网停电

（1）接触网停电后，动车组列车及电力机车失去了牵引动力，为保证列车运行安全，要求列车司机立即停车并降弓。接触网停电后，列车调度员与供电调度员要相互通知，以便列车调度员尽快掌握接触网停电范围，列车调度员（车站值班员）接到接触网停电的报告后，要及时扣停未进入停电区域的有关列车。确定接触网停电范围后，列车调度员（车站值班员）要在 CTC 终端上设置停电标识，充分发挥设备保安全的功能，防止人为作业疏漏，将列车放入停电区域。

（2）电力机车牵引的旅客列车因接触网停电在区间停车后，司机应采取保压措施，长时间停车风压不足时，司机通知车辆乘务员组织客运乘务组拧紧全列人力制动机。

（3）接触网跳闸，可能由接触网设备故障、动车组（电力机车）设备故障以及外部因素（如异物、结冰等）等原因引起。虽然接触网跳闸后重合或送电成功，但如原因不明，可能存在接触网设备损坏或故障，影响行车安全，因此需要对相关接触网设备运行状态进行巡视确认。对接触网设备巡视检查的方式有多种，为降低对列车运行秩序的影响，在供电人员现场检查或添乘列车检查前，通知故障区段邻线及本线尚未经过故障区域的首列运行司机进行初步观察是一种方便可行的方式。列车运行速度过快时，一方面不利于动车组司机观察接触网状态；另一方面发现接触网设备异常影响行车时，可能

来不及采取相应措施，造成故障扩大或影响行车，因此本线及邻线首列速度不宜过快，规定为限速 80 km/h。司机发现有影响本列行车安全的异常情况，应立即停车。

考虑到故障标定装置指示地点可能有一定的误差，所以规定限速位置原则上按故障标定装置指示地点前后各2 km确定，如遇各2 km后限速区域进入到电分相或另一供电臂等情况时，可根据实际适当调整限速区域。

考虑到高铁站间距较大，为了便于供电抢修人员尽快赶到现场，供电人员可根据需要申请添乘动车组列车快速赶赴现场进行处置，列车调度员应及时安排。接触网跳闸重合或送电成功，列车调度员得到本线及邻线首列列车司机确认无异常的报告，组织后续列车正常运行。由于司机只能从外观上判断接触网的状态，为了保证列车运行安全，供电调度员应组织供电人员巡视检查设备。

二、接触网上挂有异物

（1）司机在运行中发现本线或邻线接触网上挂有异物时，应立即采取措施并向列车调度员（车站值班员）汇报异物情况和故障地点，列车调度员（车站值班员）及时通知供电部门检查处理，在《行车设备检查登记簿》内登记，车站值班员报告列车调度员。列车调度员转报供电调度员。

（2）本线挂有异物时，如异物情况不影响行车，司机按正常行车方式通过。本线降弓可以通过时，司机按降弓方式通过该地点，列车调度员向该线后续列车发布限速 160 km/h 降弓通过故障地点的调度命令（不设置列控限速），限速降弓位置原则上按司机汇报故障地点前后各 2 km 确定。不能降弓通过时司机应立即停车并报告，列车调度员（车站值班员）应立即通知本线后续列车停车，不得再向该区间放行列车。

（3）邻线挂有异物时，如司机汇报邻线异物不能降弓通过，列车调度员（车站值班员）应立即通知邻线尚未经过该地点的列车停车，不得再向邻线该区间放行列车。如司机汇报邻线异物可降弓通过或异物情况不影响行车，邻线按上一条规定执行。

如司机汇报不能确定异物是否影响邻线行车，列车调度员应立即向邻线尚未经过该地点的首列列车司机发布口头指示限速 80 km/h 注意运行，限速位置原则上按司机汇报故障地点前后各 2 km 确定。司机应注意观察接触网设备状态。根据该司机确认情况，后续处理按上一条规定执行。

（4）供电调度员接到报告后，应立即组织供电人员登乘本线或邻线列车巡视检查设备并处理。供电人员根据需要及时向列车调度员提出利用动车组列车运送人员处理故障的申请，列车调度员应及时安排。

供电部门检查处理后，列车调度员按供电部门登记的行车限制条件组织行车。故障处理完毕后，列车调度员根据供电部门在《行车设备检查登记簿》内销记，恢复正常行车组织。

三、受电弓挂有异物

（1）列车运行途中，司机接到受电弓挂有异物通知时，应立即降弓、停车，向列车调度员（车站值班员）报告，车站值班员报告列车调度员。需下车检查或登顶作业时，司机（动车组列车为随车机械师通过司机）及时向列车调度员提出请求。

（2）列车调度员（车站值班员）得到报告后，应立即通知区间内后续列车停车，不得再向该区间放行列车。列车调度员根据下车检查或登顶作业的请求，发布邻线列车限速 160 km/h 及以下调度命令（并设置列控限速）；需登顶作业时，列车调度员还应通知该供电臂内的列车停车并降弓，与供电调度员办理接触网停电手续，得到供电调度员接触网已停电的通知后，发布准许登顶作业的调度命令。

（3）司机在接到邻线列车限速 160 km/h 及以下调度命令已发布的口头指示后，下车检查（动车组列车为司机通知随车机械师下车检查）。司机根据准许登顶作业的调度命令和邻线列车限速 160 km/h 及以下调度命令已发布的口头指示登顶作业（动车组列车为司机通知随车机械师登顶作业）。

（4）异物处理完毕后，司机应报告列车调度员，列车调度员与供电调度员办理接触网送电手续，通知该停电供电臂内的列车升起受电弓，取消邻线限速，恢复正常行车。需限速运行时，司机（动车组列车根据随车机械师的通知）限速运行。

（5）司机（动车组列车为随车机械师）现场检查发现受电弓滑板及托架有损伤或接触网有异状时，应及时报告列车调度员，列车调度员扣停后续列车，并通知供电部门对接触网设备进行检查处理，根据供电部门在《行车设备检查登记簿》内登记的行车限制条件组织行车。

四、运行途中自动降弓

接触网设备异常打碰受电弓或受电弓自身状态不良均可能导致动车组（电力机车）自动降弓。发生自动降弓时，在未查明原因前，为防止故障的进一步扩大，要求自动降弓的列车立即停车，列车调度员（车站值班员）应立即通知区间内后续列车停车，不再向该区间放行列车。列车调度员将降弓情况转报供电调度员，以便供电调度员及时处置。

需下车检查或登顶作业时，由司机（动车组列车为随车机械师通过司机）向列车调度员提出申请。为保证司机（随车机械师）下车检查时的人身安全，列车调度员应发布邻线列车限速160 km/h及以下调度命令并设置列控限速。为保证司机（随车机械师）登顶作业时的人身安全，列车调度员通知该供电臂内的列车停车并降弓，与供电调度员办理接触网停电手续，得到供电调度员接触网停电的通知后，发布准许登顶作业的调度命令。司机（随车机械师）登顶作业前，应进行验电、接地，确认接触网无电后方准登顶。

基于以上原则，做出如下规定：

（1）列车在运行途中，因不明原因降弓，司机应立即切断主断路器并停车，同时查看降弓地点公里标，向列车调度员（车站值班员）报告，车站值班员报告列车调度员。

列车调度员（车站值班员）应立即通知区间内后续列车停车，不再向该区间放行列车，列车调度员将降弓情况转报供电调度员。动车组列车随车机械师应根据故障信息记录，及时向司机反馈故障发生时间等信息，由司机报告列车调度员，列车调度员及时转报供电调度员。

（2）列车调度员根据司机（动车组列车为随车机械师通过司机提出的）下车检查或登顶作业的请求，发布邻线列车限速160 km/h及以下调度命令；需登顶作业时，列车调度员还应通知该供电臂内的列车停车并降弓，与供电调度员办理接触网停电手续，得到供电调度员接触网已停电的通知后，发布准许登顶作业的调度命令。

（3）司机在接到邻线列车限速160 km/h及以下调度命令已发布的口头指示后，下车检查（动车组列车为司机通知随车机械师下车检查）。司机根据准许登顶作业的调度命令和邻线列车限速160 km/h及以下调度命令已发布的口头指示登顶作业（动车组列车为司机通知随车机械师登顶作业）。

（4）经检查处理，列车恢复运行后，司机应立即报告列车调度员，列车调度员应立即向本线尚未经过该地点的首列列车发布口头指示限速80 km/h注意运行，限速位置原则上按司机汇报故障地点前后各2 km确定。司机应注意观察接触网设备状态，发现影响行车异常情况时应立即停车并向列车调度员报告，列车调度员立即通知尚未经过异常地点的后续列车停车，不再向该区间放行列车，并立即通知供电部门检查处理，列车调度员按供电部门登记的行车限制条件组织行车。无异常时，司机在通过限速地点后立即向列车调度员报告，列车调度员根据司机确认无异常的报告组织后续列车正常运行。

（5）供电调度员接到报告后，应立即组织供电人员登乘本线或邻线列车巡视检查设备。供电人员根据需要及时向列车调度员提出利用动车组列车运送人员处理故障的申请，列车调度员应及时安排。

五、自动过分相地面设备故障

（1）司机发现不能自动过分相时，应立即报告列车调度员（车站值班员），列车调度员（车站值班员）接到报告后，通知后续列车注意运行。自动过分相地面设备（应答器、地磁感应器、磁枕等）分属不同设备管理单位。接到司机不能自动过分相的报告时，列车调度员（车站值班员）应通知各设备管理单位分别确认所属设备运行状态，在《行车设备检查登记簿》内登记；设备管理单位发现自动过分相地面设备故障时，应立即报告列车调度员（车站值班员），同时在《行车设备检查登记簿》内登记，写明行车限制条件。

在故障修复前，列车调度员（车站值班员）根据设备管理单位的登记，通知司机采用手动过分相，避免带电过分相烧损接触网。

（2）自动过分相地面设备修复后，列车调度员根据设备管理单位在《行车设备检查登记簿》内销记，恢复正常行车组织。

第五节　列车设备故障

一、动车组列车空调失效

（1）空调失效超过 20 min 不能恢复但列车能够正常运行时

动车组列车在运行过程中，因接触网故障停电、动车组内空调设备故障等原因，会造成空调不能工作。由于动车组列车车厢封闭严密，空调故障后，空气流通不畅，特别是在夏季，车厢内温度会逐渐升高，旅客会感觉身体不适，严重时还可能会引发旅客群体情绪波动，造成更大影响。为了更好服务旅客和保证旅客安全，空调失效超过 20 min 不能恢复时，动车组列车长可视情况通知司机向列车调度员提出在前方最近客运站停车的请求，列车调度员安排列车在前方最近客运站停车。由列车长视情况在停车状态下安装防护网、打开车门进行通风换气后，按规定限速运行。

（2）列车因故停车不能维持运行且空调失效超过 20 min 不能恢复时，列车长应及时与司机、随车机械师沟通，视情况做出打开车门决定，并通知司机转报列车调度员。

由于车门处于开放状态，为了保证旅客人身和列车运行的安全，列车调度员应发布调度命令，限速 60 km/h 运行。由于在打开车门的状态下，外开式车门及动车组车门的脚踏板距高站台边缘的安全空间较正常车门关闭状态下小，考虑到列车运行时的摆动，所以规定列车在打开车门的情况下通过邻靠高站台的线路时限速 40 km/h。

（3）安装防护网、打开车门由列车长组织列车乘务员进行，司机、随车机械师配合。防护网的安装需在列车停车状态下进行，为保证人身安全，安装防护网位置为运行方向左侧（非会车侧）。防护网安装完毕，打开车门后，为保证旅客人身安全，由列车长组织列车工作人员值守，直到车门关闭。列车长确认防护网安装牢固、看护到位后报告司机。

（4）需要组织旅客下车或换乘其他列车时，应在车站站台进行。必须在站内不邻靠站台的线路或区间组织旅客下车或换乘时，需经铁路局主管运输副局长（总调度长）批准。

二、列车运行途中车辆故障

（一）动车组列车运行途中发生车辆故障应急处理

（1）动车组列车运行中出现故障，司机应按车载信息监控装置的提示，按规定及时处理；需要由随车机械师处理时，司机应通知随车机械师。经处置确认无法正常运行时，司机应按车载信息监控装置的提示和随车机械师的要求，选择维持运行或停车等方式，并报告列车调度员（车站值班员），车站值班员报告列车调度员。

（2）司机发现或得到基础制动装置故障致使车轮抱死不缓解的报告时，应立即停车，报告列车调度员（车站值班员）停车原因和停车位置，车站值班员报告列车调度员。

列车调度员（车站值班员）应立即通知区间内后续列车停车，不再向该区间放行列车。司机在接到列车调度员已发布邻线列车限速160 km/h及以下调度命令的口头指示后，通知随车机械师下车检查处理。当动车组列车制动系统故障须切除单车制动力时，随车机械师应将切除制动力的情况及限速要求通知司机，司机报告列车调度员（车站值班员）后，按限速要求运行；车站值班员接到报告后，应及时报告列车调度员，列车调度员及时通知本调度区段相关车站值班员，跨调度区段运行时还应通知邻台列车调度员。

全列车制动不缓解，司机、随车机械师按故障应急手册或车载信息系统的提示处理；全列常用制动不施加，司机立即将制动手柄拉到紧急制动位或按压紧急停车按钮，使动车组紧急停车。动车组停车后，司机复位紧急制动，由随车机械师进行故障处理。司机在开车前必须进行一次完整的制动试验，确认制动系统功能正常。动车组发生制动系统失效的情况时，由司机请求救援。

（3）动车组车窗玻璃破损导致车厢密封失效时，列车长或随车机械师应通知司机，司机控制动车组列车限速 160 km/h 运行并报告列车调度员（车站值班员），车站值班员报告列车调度员。

（4）动车组空气弹簧故障时，随车机械师应通知司机限速要求（CRH2/CRH380A/AL 型限速 120 km/h，其余车型限速 160 km/h），司机控制动车组列车限速运行并报告列车调度员（车站值班员），车站值班员报告列车调度员。

（5）当车载信息监控装置提示轴承温度超过报警温度时，司机应立即停车，报告列车调度员（车站值班员）停车原因和停车位置，通知随车机械师处理，车站值班员报告列车调度员。列车调度员（车站值班员）应立即通知区间内后续列车停车，并不得再向该区间放行列车。随车机械师检查后，需要限速运行时，通知司机限速要求，司机报告列车调度员（车站值班员）后，按限速要求运行。不能继续运行时，及时请求救援。

（6）发现或接到转向架监测故障、车辆下部异音、异状的通知时，司机（列车工作人员）应立即采取紧急停车措施，司机向列车调度员（车站值班员）报告，车站值班员报告列车调度员。列车调度员（车站值班员）应立即通知区间内后续列车停车，不再向该区间放行列车。司机在接到列车调度员已发布邻线列车限速 160 km/h 及以下调度命令的口头指示后，通知随车机械师下车检查处理。随车机械师检查后，需要限速运行时，通知司机限速要求，司机报告列车调度员（车站值班员）后，按限速要求运行。不能继续运行时，及时请求救援。

（二）动车组以外的旅客列车运行途中发生车辆故障应急处理

（1）发现客车车辆轮轴故障、车体下沉（倾斜）、车辆剧烈振动等危及行车安全的情况时，须立即采取停车措施，并报告列车调度员（车站值班员），车站值班员报告列车调度员。列车调度员（车站值班员）应立即通知区间内后续列车停车，不再向该区间放行列车。司机在接到列车调度员已发布邻线列车限速160 km/h及以下调度命令的口头指示后，通知车辆乘务员下车检查。对抱闸车辆应关闭截断塞门，排除副风缸中的余风，确认安全无误后，方可继续运行；如车轮踏面损坏超过限度或车辆故障不能继续运行时，应甩车处理。

（2）列车调度员接到热轴报告后，应按热轴预报等级要求果断处理。必要时，立即安排停车检查（司机应采用常用制动，列车停车后由车辆乘务员负责检查，无车辆乘务员的由司机确认能否继续安全运行）或就近站甩车处理。

（3）遇客车安全监控系统报警或其他故障需要列车限速运行时，车辆乘务员应通知司机限速要求，司机按限速要求运行并报告列车调度员（车站值班员），车站值班员及时报告列车调度员。

（4）空气弹簧故障时，列车运行速度不得超过 120 km/h。

（5）采用密接式车钩的旅客列车，在运行途中因故障更换 15 号过渡车钩后，运行速度不得超过 140 km/h。密接式车钩一般装备在最高运行速度 160 km/h 的客车车辆上，在运行途中因故障更换 15 号过渡车钩后，因 15 号过渡车钩的强度要低于密接式车钩，为保证列车运行安全，运行速度不得超过 140 km/h。列车调度员按规定发布限速运行的调度命令。

（6）双管供风旅客列车运行途中发生双管供风设备故障或用单管供风机车救援接续牵引需改为单管供风时，双管改单管作业应在站内进行。旅客列车在区间发生故障需双管改单管供风时，由车辆乘务员通知司机向列车调度员（车站值班员）提出在前方站停车处理的请求，并通知司机以不超过 120 km/h 速度运行至前方站，列车调度员发布双管改单管供风的调度命令，车辆乘务员根据调度命令在站内将客车风管路改为单管供风状态。旅客列车改为单管供风跨局运行时，由铁路总公司发布调度命令通知有关铁路局，按单管供风办理，直至终到站。

专栏11-1

一、事故概况

2012年2月2日12时30分，德州东站上行进站信号机内方第一轨道电路108DG红光带，影响上行进站信号不能开放。调度员立即将G32次、G2次喊停在区间，通知济南局调度员不再向区间放车，并通知工务、电务部门组织人员上线检查。12时47分，工、电务人员具备上线条件，12时54分，设置好下行线列控限速160 km/h后准许上线。因故障暂时不能排除，13时12分，调度员发布调度命令准许G32次以不超过40 km/h的速度（目视模式）越过进站信号机，调度命令用作行车凭证。G32次接到命令后于13时15分开车，13时20分停于进站信号机外第一闭塞分区内，司机反映进站信号机红灯与改目视模式必须在进站信号机前150 m内停车后操作（通过信号机没有距离限制，收到红黄码后即可停车操作），因德州东进站信号机前有分相，速度较低无法越过。经电务处理后，13时28分红光带消失，13时36分人员下线后，又发布调度命令取消前发命令，收回行车凭证，G32次于13:37正常开车。根据列车晚点情况，立即启用北京南站热备动车组担当G32次后续交路G37次，组织北京南正点开出，G32次到达北京南后转热备。

二、经验教训

（1）对设备特点不熟悉，德州东站为K5B计算机联锁，进站信号内方第一轨道电路红光带，可开放引导信号接车（每30 s按压引导确认），动车组自动转入引导模式，无需停车。

（2）设置列控限速较长，对设备操作不太熟练，用时7 min。

（3）在本线人员上线的情况下，设备单位登记本线封锁的条件下，采用目视越行的办法办理行车，虽然速度较低，但也存在人身安全隐患，属于违章指挥。

专栏11-2

一、事故概况

2012年3月23日北京南至德州东间大风天气，11时~18时大风报警共计536次（其中天津南附近大风监测点14时36分~14时50分提示限速120 km/h报警），根据情况11时05分发布命令北京南至沧州西间限速300 km/h；11时48分发布命令沧州西至德州东间限速200 km/h；14时05分发布命令北京南至德州东间限速200 km/h。15时50分，沧州西至天津南（含间）上下行线121 km 489 m至144 km 158 m供电臂跳闸停电，同时天津南车务应急值守人员报告，车站上行4、6道间站台无柱雨棚顶部天花板大约1/3部分被大风卷起，落在站内1、3道间接触网上。调度员立即开始扣停列车，此时G213、59902次（临时加开的专运车底）因接触网无电已停于天津南至沧州西间，将后续下行G41、G145次扣停在廊坊，上行G14、G36、G114、G116次喊停在天津南至沧州西间有电区域。之后做了以下工作：

（1）通知各设备单位立即出动。天津工务段215人、天津供电段14人、天津电务段15人、天津房建段10人、天津西站20人赶赴现场处理脱落天花板。

（2）因天津南站无柱雨棚的天花板脱落在接触网上，处理极其困难，请求天津市119支援。天津市119约20人于17时到达现场处理脱落天花板。

（3）因等车底，经核实客票售出情况，请示铁道部将北京南下行G21、G181、G161次3列动车组停运，组织上述3列客流分别与G157、G183、G163次合并。

（4）为减少影响，向停在无电区的G213、59902次供电，采取供电臂内分段送电措施于17时07分向天津南（不含）至沧州西间上下行线131 km 621 m至144 km 158 m接触网供电，使无电区域G213、59902次动车组恢复通风、照明和空调用电。

（5）通知北京南、廊坊、天津西、天津南、沧州西、德州东站站长立即上岗组织旅客乘降及安抚解释工作，并安排向各站停留的动车组提供食品和矿泉水。共向10个列车提供饼干5 130份、面包2 700份、矿泉水7 340份、红烧鸡常温链696份、30元冷链216份。总计上餐16 082份。

经各部门人员共同处理，于19时02分接触网恢复供电，影响列车共计69列。

二、经验教训

（1）发生接触网故障，首先确定停电范围，尽量将列车扣停于有电区域。

（2）频繁、大面积大风报警，根据情况立即发布全线限速的调度命令，减少调度员工作负担。

第12章　非正常行车组织

本章重点：

（1）使用机车、救援列车救援。
（2）动车组救援动车组。
（3）启用热备动车组。

第一节　双线区间反方向行车

我国铁路规定在双线区间按左侧单方向行车，这个运行方向称为正方向，相应的闭塞设备、列车信号机（区间信号标志牌）等行车设备也是按此设置的，在行车安全上有着可靠的保证；同时根据我国铁路成对行车的特点，列车在各自的线路上运行时，互不干扰，能够保证最大的通过能力，发挥最大的效益。

双线区间列车反方向运行时，改变了线路正常运行方向，对运输安全、效率都有不利影响。所以规定只限于整理列车运行时才准采用，旅客列车仅在正方向区间的线路封锁、发生自然灾害、因事故中断行车，以及正方向设备故障严重影响列车运行秩序而反方向自动站间闭塞设备良好等特殊情况下，经调度所值班主任（值班副主任）准许，方可反方向运行。

列车反方向运行时，列车调度员应发布调度命令。列车反方向运行时，按站间间隔运行，所以在发车时需列车调度员（车站控制时为车站值班员）确认反方向区间空闲。

动车组列车反方向运行时，在CTCS-3级区段，CTCS-3级列控系统最高允许速度为300 km/h，CTCS-2级列控系统最高允许速度为250 km/h；在CTCS-2级区段，在250 km/h线路上最高允许速度为200 km/h，在200 km/h线路上最高允许速度为160 km/h。

第二节　列车被迫停车后的处理

一、区间被迫停车的处理

列车在区间被迫停车是指列车在区间因线路中断、接触网停电、动车组（电力机车）停在分相无电区、制动失效及其他机车车辆故障等原因，导致列车不能按信号显示（行车凭证）继续向前运行的情况。列车在区间因作业需要、信号（包括地面信号和车载信号）显示停车信号或显示不明、接到停车的通知而停车，以及发现线路上有行人、异物等而临时停车，不属于列车在区间被迫停车。列车被迫停车不能继续运行时，司机应立即使用列车无线调度通信设备通知列车调度员（或两端站车站值班员）及随车机械师（动车组以外的旅客列车为车辆乘务员），报告停车原因及停车位置。司机应根据需要立即请求救援。

（1）随车机械师（车辆乘务员）、客运乘务组均应听从司机指挥，处理有关行车、列车防护和事故救援等事宜。

（2）列车调度员（车站值班员）接到司机通知后，应将区间内列车运行情况通知司机，并立即使用列车无线调度通信设备通知区间内后续列车停车，在停车原因消除前不得再向区间内放行列车。

（3）对已请求救援的列车，不得再行移动，并按规定对列车进行防护。

（4）列车在区间被迫停车后，应保证就地制动，防止列车溜逸。如遇自动制动机故障，动车组以外的旅客列车司机应通知车辆乘务员立即组织列车乘务人员拧紧全列人力制动机；其他列车司机应立即采取安全措施，并向列车调度员报告。

（5）需要防护时，列车前方由司机负责，列车后方由随车机械师（车辆乘务员）负责，配备列车防护报警装置的列车应首先使用列车防护报警装置进行防护。单班单司机值乘的列车防护作业办法由铁路局规定。

二、被迫停车妨碍邻线时的处理

列车在区间发生脱轨、颠覆等事故或其他原因被迫停车时，司机及随车机械师（车辆乘务员）应认真观察，注意是否妨碍邻线。可能妨碍邻线时：

（1）配备列车防护报警装置的列车应首先使用列车防护报警装置进行防护。

（2）司机应立即用列车无线调度通信设备通知邻线上运行的列车，并通知列车调度员（或两端站车站值班员）。

（3）司机与随车机械师（动车组以外的旅客列车为车辆乘务员）分别在列车头部或尾部附近对邻线来车方向短路轨道电路。

（4）司机亲自或指派人员沿邻线一侧对列车进行检查，发现妨碍邻线时，立即报告列车调度员（或两端站车站值班员），如发现邻线有车开来时，司机应鸣示紧急停车信号。

（5）列车调度员（或两端站车站值班员）接到列车被迫停车可能妨碍邻线的通知后，应立即通知邻线有关列车停车，在妨碍邻线行车的原因消除前不得向邻线放行列车。

单班单司机值乘方式不具有全路普遍性，列车防护作业办法由铁路局结合本局实际情况进行规定。

三、列车在区间被迫停车后的防护办法

（1）已请求救援时，从救援列车开来方面（不明时，从列车前后两方面），距离列车不小于 300 m 处放置响墩防护；在仅运行动车组列车的线路上，列车在区间被迫停车后已请求救援时，由随车机械师在救援列车开来方向，距离列车不小于 300 m 处人工进行防护，不再放置响墩防护。

规定 300 m 的距离，是因为已请求救援，列车调度员已在命令中指明了被迫停车列车的所在位置，所以救援列车司机心中有数，可以提前减速，能在 300 m 内停车。由于动车组轴重轻、运行速度高，响墩防护对动车组列车运行存在安全隐患，因此规定仅运行动车组列车的线路上，不放置响墩防护。

（2）列车分部运行，机车进入区间挂取遗留车辆时，应从车列前方距离不小于 300 m 处放置响墩防护。

（3）防护人员设置的响墩在停车原因消除后，由防护人员撤除。

第三节　列车在区间退行、返回

一、列车在区间退行

（1）列车必须在区间退行时，列车调度员须扣停后续列车，并确认退行距离内的闭塞分区空闲后通知司机允许退行。退行时，随车机械师（车辆乘务员）或指派的胜任人员应站在列车尾部，注视运行前方（不显示信号），发现危及行车或人身安全的情况时，应立即使用紧急制动装置（紧急制动阀），或使用列车无线调度通信设备通知司机，使列车停车。因列车退行时，司机在后端操作，为确保退行安全，列车退行速度不得超过 15 km/h，以便发现情况能随时停车。

（2）列车若需退行至站内，列车调度员还应确认列车至后方站间已空闲。列车调度员（车站控制时为车站值班员）根据线路占用情况，可开放进站信号机或按引导办法将列车接入站内。动车组列车若需退行至站内，列车调度员应发布调度命令。

（3）动车组列车退行时，改按隔离模式退行。

（4）在降雾、暴风雨雪及其他不良条件下，难以辨认信号时，列车不准退行。

二、动车组列车由区间返回

动车组列车在区间被迫停车后须返回后方站时，列车调度员必须确认动车组列车至后方站间已空闲，方可发布调度命令。由于动车组列车前后两端均设有司机室，为便于司机控车和瞭望，保证运行安全，在运行方向前端司机室设备正常的情况下，应采用换端牵引方式运行。此时，司机应根据调度命令，将列控车载设备转为隔离模式运行，运行速度不得超过40 km/h。进站时，凭进站信号机显示的允许运行信号进站。

第四节　列车冒进信号

列车冒进信号机后，司机应立即停车报告列车调度员或车站值班员，以便列车调度员或车站值班员采取措施，组织有关行车工作；同时为了防止挤岔后移动造成脱轨或与其他作业产生冲突等情况，冒进后不得擅自动车。如果列车冒进进站或接车进路信号机时，列车调度员或车站值班员应立即通知已进入区间的后续列车停车，不再向该区间放行列车，以便于组织对冒进列车进行处置。

列车冒进进站（接车进路）、出站（发车进路）信号机时，列车调度员（车站控制时为车站值班员）得到报告后，在确认列车具备动车条件时，按以下规定处理：

（1）列车冒进进站（接车进路）信号机时，列车调度员（车站控制时为车站值班员）在确认接车进路准备妥当和列车运行条件具备后，使用列车无线调度通信设备通知司机进站。

（2）列车冒进出站（发车进路）信号机时，列车调度员（车站控制时为车站值班员）应在具备条件后，布置列车后退。但对出发或通过列车，列车调度员（车站控制时为车站值班员）根据实际情况，可在确认发车进路准备妥当、第一个闭塞分区空闲（自动站间闭塞区段为区间空闲）、列车运行条件具备后，使用列车无线调度通信设备通知司机继续运行。

第五节　列车运行晃车

运行途中列车司机发现晃车时，应立即减速运行并向列车调度员（车站值班员）报告晃车地点及晃车时列车运行速度，待本列无异常状况后恢复常速运行。车站值班员报告列车调度员。

晃车时列车运行速度为160 km/h以下时，有可能是线路设备、环境出现对行车安全影响较大的不利情况，为确保后续列车运行安全，列车调度员（车站值班员）立即通知已进入区间的后续列车停车，不再向该区间放行列车，通知工务部门。列车调度员根据工务部门上道检查的申请，及时发布本线封锁、邻线限速160 km/h及以下的调度命令后，准许上道检查。工务检查设备后，根据现场具体情况，确定列车放行条件。

晃车时列车运行速度为160 km/h及以上时，列车调度员应向后续首列发布限速120 km/h的调度命令，限速位置按司机汇报的晃车地点前后各1 km确定，进一步确定是否是由于固定行车设备异常引起的晃车。列车通过晃车地点后，司机应立即向列车调度员报告运行情况。若仍晃车，有可能是由于固定行车设备异常引起的，列车调度员立即通知已进入区间的后续列车停车，不再向该区间放行列车，通知工务部门，根据工务部门上道检查的申请，及时发布本线封锁、邻线限速160 km/h及以下的调度命令后，准许上道检查；工务检查设备后，根据现场具体情况，确定列车放行条件。若不再晃车，则按160 km/h、250 km/h、常速逐级逐列提速。

在逐级逐列提速的过程中，再次发生晃车时，列车调度员应立即通知已进入区间的后续列车停车，不再向该区间放行列车，通知工务部门，根据工务部门上道检查的申请，及时发布本线封锁、邻线限速160 km/h及以下的调度命令后，准许上道检查。工务检查设备后，根据现场具体情况，确定列车放行条件。

第六节　列车停在接触网分相无电区

电力机车牵引的列车和动车组列车停在接触网分相无电区不能继续运行时，司机应立即降弓，并报告列车调度员（车站值班员），车站值班员报告列车调度员。列车调度员（车站值班员）立即通知已进入区间的后续列车停车，不再向该区间放行列车。

（1）由于电力机车、动车组有两个或多个受电弓，当停在分相无电区时，可以根据具体的停车位置、本身的设备条件、牵引供电设备状况等，确定是否可以采用换弓、退行闯分相等方式自救。当具备自救条件时，司机应准确报告电力机车（动车组）停车位置，由列车调度员、供电调度员、机车调度员（动车司机调度员）共同根据电力机车（动车组）类型、停车位置、牵引供电设备状况等确定自救方案，组织自救。

（2）不具备自救条件时，按以下规定处理：

① 具备向中性区远动送电时，可在该分相后方接触网供电臂办理停电后，由列车调度员向供电调度员办理向中性区远动送电手续，通知停在该分相的列车升弓，待该列车驶出分相区后，再通知供电调度员恢复原供电方式并向后方接触网供电臂送电，恢复后续列车正常运行。

② 不具备向中性区远动送电时，列车调度员发布邻线限速160 km/h及以下的调度命令，司机组织相关人员按规定对列车进行防护，并确认列车前、后方接触网无电区长度，向列车调度员报告。列车调度员根据司机有关前、后方接触网无电区长度的报告，确定救援方案，组织救援。

第七节　列车碰撞异物

一、碰撞异物的处理

列车运行中碰撞异物影响行车安全时，司机应立即采取停车措施，并向列车调度员（车站值班员）报告碰撞异物地点、碰撞异物情况及停车地点，动车组列车司机还应通知随车机械师，车站值班员报告列车调度员。为防止后续列车再次发生碰撞，同时考虑到发生碰撞的列车不能正常运行等情况，列车调度员（车站值班员）立即通知本线已进入区间的后续列车停车，不再向该区间放行列车。需下车检查时，列车调度员根据司机请求及时发布邻线限速160 km/h及以下的调度命令，司机在接到列车调度员已发布相关调度命令的口头指示后，下车检查（动车组列车为通知随车机械师下车检查）。

（1）经检查列车可以继续运行时，恢复运行（动车组列车按随车机械师的要求运行），司机向列车调度员报告检查情况。如检查未发现异常情况，列车调度员向本线后续首列发布口头指示限速 160 km/h 运行，限速位置按碰撞异物地点前后各 2 km 确定，列车司机应加强瞭望，确认线路和接触网有无异常状态，在通过限速地点后立即向列车调度员报告，列车调度员在得到司机无异常的报告后，组织本线后续列车恢复正常运行；有影响行车的异常情况时，列车调度员根据司机报告，扣停后续列车或组织后续列车限速运行，及时通知有关部门按规定上道检查处理。

（2）经下车检查确认不能继续运行时应及时请求救援，并按规定进行防护。

二、碰撞异物侵入邻线时

碰撞异物侵入邻线影响邻线行车安全时，列车调度员（车站值班员）接到报告后，应立即通知邻线尚未经过该地点的列车停车，不再向邻线该区间放行列车，并通知有关部门按规定上道检查处理。

三、碰撞异物不明时

碰撞异物情况不明，不能确定是否影响邻线时，列车调度员接到报告后，应立即向邻线尚未经过该地点的首列列车发布口头指示限速160 km/h运行，限速位置按碰撞异物地点前后各2 km确定。

邻线首列列车司机应加强瞭望，确认线路和接触网有无异常状态，在通过限速地点后立即向列车调度员报告，列车调度员在得到司机无异常的报告后，组织邻线后续列车正常运行。有影响行车的异常情况时，列车调度员根据司机报告，扣停后续列车或组织后续列车限速运行，及时通知有关部门按规定上道检查处理。

四、后续处理

为防止碰撞异物后对固定行车设备的正常使用造成影响，工务、电务、供电部门应利用天窗时间对碰撞异物地点前后2 km范围内的设备进行重点检查。

第八节　列车发生火灾、爆炸

（1）司机发现列车发生火灾、爆炸或接到列车发生火灾、爆炸的通知及报警时，须立即停车（停车地点应尽量避开长大隧道等，选择便于旅客疏散的地点），报告列车调度员（车站值班员），车站值班员报告列车调度员。列车调度员（车站值班员）接到报告后，立即通知邻线相关列车及本线后续列车停车，不再向区间放行列车。现场需停电时，列车调度员通知供电调度员停电。需组织旅客疏散时，司机得到邻线列车已扣停的通知后，转告列车长组织列车乘务人员将旅客疏散到安全地带。

（2）重联动车组列车需解编时，由随车机械师负责引导，司机确认并拉开安全距离。解编后，动车组应分别按规定采取防溜措施。

动车组以外的列车需要分隔甩车时，应根据风向等情况而定。一般为先甩下列车后部的未着火车辆，再甩下着火车辆，然后将机后未着火车辆拉至安全地段。对甩下的车辆，在车站由车站人员负责采取防溜措施，在区间由司机、车辆乘务员负责采取防溜措施。

专栏12-1

一、事故概况

2011年10月06日11时02分，石太客专D2003次（CRH5-87+44　配属太原局）列车行至井陉北站至阳泉北站间下行线76km431m处因87号车1位端ATP故障停车，因距前方接触网分相（77km372m）距离近且线路坡道大，按部分监控模式不能闯过分相，重启后11时08分改按LKJ方式开车。

二、经验教训

（1）新建高铁及客运专线设计的线路坡度较大，接触网分相位置长度的设置对线路坡度考虑少，往往设置在较大坡度处，一旦遇动车组临时ATP故障、线路限速等情况发生，动车组列车很难正常通过接触网分相。

（2）一旦后遇上述情况，列车调度员应果断采取措施，及时发布动车组列车将列控车载设备改按LKJ方式行车，越过前方分相。

第13章 救援

本章重点：

（1）使用机车、救援列车救援。
（2）动车组救援动车组。
（3）启用热备动车组。

当列车在区间发生冲突、脱轨、颠覆等事故以及机车车辆等发生故障不能继续运行时，应按规定组织救援。

第一节　使用机车、救援列车救援

（1）列车调度员接到救援申请，按《铁路技术管理规程》和《调规》的规定发布调度命令封锁区间并报告值班主任（值班副主任）。值班主任（值班副主任）根据情况，按照规定通知相关部门，向有关领导通报。达到启动应急预案的标准时，铁路局要及时启动相关应急预案。

（2）列车调度员接到救援申请，根据区段内列车运行、距离机务段（折返点）远近以及救援申请等情况，确定使用内燃机车、电力机车或救援列车担当救援。在电气化区段，如救援地点有分相区时，宜使用内燃机车救援，无内燃机车时，可使用电力机车附挂车辆救援；接触网停电时须使用内燃机车救援。确定救援机车或救援列车后，列车调度员要将相关情况及从前部或后部救援通知车站值班员和请求救援的列车司机，以便列车乘务人员采取防护设施，车站值班员做好相关准备工作。

由于司机日常是按固定区段担当值乘，如担当救援的列车需要跨区段担当救援任务，司机不熟悉该区段线路、信号、分相等设备情况，为了防止次生事故的发生，保证救援安全、迅速，列车调度员须通知机车调度员或动车司机调度员指派带道人员。

（3）确定救援方案后，列车调度员要及时下达相应的调度命令。如需要使用救援列车，调度要下达救援列车出动的命令。救援列车（单机）在关系站进入封锁区间前，列车调度员要下达进入封锁区间救援的调度命令。调度命令应指明救援列车进入封锁区间往返的运行车次、被救援列车停车地点、任务及注意事项等。

司机接到救援命令后，应认真确认调度命令内容，明确救援任务。对命令中确定的停车地点要做到心中有数。

（4）向封锁区间发出救援列车时，因为区间已发生事故、行车设备故障，不能按正常闭塞手续办理行车，规定以列车调度员的命令，作为进入封锁区间的许可。

（5）救援列车的出发或返回，均应通知列车调度员及对方站（与本站为同一人办理时除外）。事故现场设有临时线路所时，列车调度员（车站控制时为车站值班员）应于发车前，商得线路所车站值班员的同意。

（6）在事故调查组人员到达前，关系区间发车站的站长（副站长）应随乘发往事故地点的第一列救援列车到事故现场。必要时，由列车调度员指定该区间一端车站的站长或临时指派的胜任人员尽快赶赴现场。到达事故现场后，应立即了解事故实际情况，随时与列车调度员联系，汇报事故情况，并就地指挥列车有关工作。

列车分部运行时，机车开往区间挂取遗留的车辆，由于处理比较简单，车站站长（副站长）不必前往，由司机进行处理。机车、动车组故障使用单机救援时，由于处理比较简单，站长（副站长）不必前往，由司机（随车机械师）处理。

（7）救援列车进入封锁区间后，在接近被救援列车或车列 2 km 时，要严格控制速度，同时，使用列车无线调度通信设备与请求救援的列车司机进行联系，或以在瞭望距离内能够随时停车的速度运行（最高不得超过 20 km/h），在防护人员处或压上响墩后停车，联系确认，并按要求进行作业。

（8）使用机车救援动车组时，在机车和动车组间要加装过渡车钩和专用风管，开闭相关塞门。为保证制动主管贯通，要进行制动试验。动车组日常运行时，制动主管压力采用 600 kPa，因此在制动试验和继续运行时，列车制动主管压力采用 600 kPa。

当部分动车组蓄电池电压低于规定值时，会自动抱死车轮，导致动车组无法运行，同时，动车组不升弓取电会影响动车组内空调、照明、电热饮水机等用电设备的正常使用。因此，使用机车救援时，动车组具备升弓供电条件时，允许升弓供电。使用电力机车担当救援，如动车组升弓，机车受电弓与动车组两受电弓间距离不能满足通过接触网分相的要求，因此动车组司机需升弓时，要通知救援机车司机，以便救援机车司机在通过分相前通知动车组司机断电并降弓。

使用机车救援动车组连挂作业时，为保证作业人员人身安全，作业人员要根据现场情况申请邻线列车限速160 km/h及以下，如妨碍邻线或需组织旅客疏散，要在扣停邻线列车后，方可开始作业。

救援机车司机在救援作业过程中，要严格遵守有关限速规定，保证救援安全，并与动车组司机保持联系，如有异常情况及时采取减速或停车措施，救援运行中尽可能避免实施紧急制动。

（9）动车组由机车牵引继续运行时，列车调度员根据随车机械师提出的限速要求，向救援机车司机发布限速运行的调度命令。

（10）使用机车救援动车组时，动车组列控车载设备转入或退出隔离模式不发布调度命令，由动车组司机自行转换。

（11）当故障动车组处理后可继续运行时，列车调度员应根据司机请求，取消前发救援调度命令，组织列车恢复运行，但申请救援的动车组司机在未得到列车调度员的准许前，不得动车。

第二节　动车组救援动车组

列车调度员接到救援申请，按规定发布调度命令封锁区间，并报告值班主任（值班副主任）。

列车调度员将救援方案通知车站值班员和请求救援的动车组司机。担当救援的动车组列车需要跨区段负责救援任务时，列车调度员须通知机车调度员（动车司机调度员）指派带道人员。

列车调度员及时发布有关调度命令。担当救援的动车组司机接到救援命令后，必须认真确认。命令不清、停车位置不明确时，不准动车。

向封锁区间发出救援动车组时，不办理行车闭塞手续，以列车调度员的命令，作为进入封锁区间的许可。

救援列车的出发或返回，均应通知列车调度员及对方站（与本站为同一人办理时除外）。如事故现场设有临时线路所时，列车调度员（车站控制时为车站值班员）应于发车前，商得线路所车站值班员的同意。

发生事故时，在事故调查组人员到达前，站长（副站长）应随乘发往事故地点的第一列救援列车到事故现场，负责指挥列车有关工作。

在故障动车组前部救援时，区间闭塞方向与救援动车组运行方向相反，列车进入区间后，列控车载设备会收到停车信号，因此需将动车组列控车载设备转为隔离模式。救援动车组进入封锁区间后，司机要注意运行，在接近被救援列车2 km时，以在瞭望距离内能够随时停车的速度运行，最高不超过20 km/h，在距被救援列车不少于300 m处一度停车，与被救援列车联系确认后进行作业。在故障动车组尾部救援时，为使救援列车尽快运行至救援地点，列车调度员应提前通知担当救援的动车组司机担当救援任务，在排列列车进路、开放出站信号后，向担当救援的动车组司机发布调度命令。担当救援的动车组司机在收到允许运行的信号和列车调度员发布的调度命令后，方可按完全监控模式进入区间，在行车许可终点停车，与被救援列车联系确认后，按目视行车模式进入前方闭塞分区，以在瞭望距离内能够随时停车的速度运行，最高不超过20 km/h，在距被救援列车不少于300 m处一度停车，与被救援列车联系确认后进行作业。如行车许可终点距被救援列车不足300 m时，在行车许可终点停车后，与被救援列车联系确认后进行作业。

连挂作业时，为保证作业人员人身安全，作业人员要根据现场情况申请邻线列车限速160 km/h及以下，如妨碍邻线或需组织旅客疏散，要在扣停邻线列车后，方可开始作业。

在救援过程中或救援后动车组列车能够恢复运行时，被救援动车组转入或退出隔离模式，列车调度员不发布调度命令，由动车组司机自行转换。

遇动车组发生故障等情况申请救援后，如在救援前故障修复可继续运行时，被救援动车组司机要向列车调度员报告，列车调度员根据司机报告，取消前发救援命令，组织列车恢复运行。司机在未得到列车调度员的准许前，不得动车。

第三节　启用热备动车组

（1）为给动车组旅客提供更好的服务，避免或减少动车组晚点，动车组故障需及时启用热备动车组。因各线运行的动车组型号不同，定员人数不同，如热备动车组定员少于故障动车组实际人数时，有条件时，优先使用定员能满足需要的其他动车组组织旅客换乘。

（2）跨局出动热备动车组时（如故障动车组距本局热备动车组停放地点距离较远而距其他铁路局热备动车组停放地点较近时），由中国铁路总公司调度向铁路局发布调度命令。

（3）热备动车组上司机、随车机械师、列车员等人员在接到调度命令后，应迅速完成热备动车组出动前的各项准备工作，具备条件后及时发车。

（4）对担当换乘救援的动车组列车应优先放行，确保及时到位，以减少列车晚点时间。热备动车组完成任务后也要优先放行，及时返回归位。

（5）在站内组织旅客换乘时，应尽量安排在同一站台的两个站台面进行。

（6）在区间组织旅客换乘时，列车调度员组织承担救援任务的动车组列车进入邻线指定位置停车。承担救援任务的列车到达邻线指定位置停妥后，司机向列车调度员报告。列车调度员通过被救援列车的司机通知列车长组织旅客换乘。担当救援任务的列车长确认旅客换乘完毕后通知司机，司机得到列车长通知，确认车门关闭，具备开车条件后起动列车，并向列车调度员报告。

专栏13-1

一、事故概况

2011年7月17日G122次（上海虹桥—北京南CRH380BL型动车组，上海客运段担当），图定北京南17道15时33分到，折返G155次（北京南—上海虹桥）16时15分开，折返时间42分钟。

12时55分，G122次徐州东正点开车后，列车丢失两个牵引，不影响正点运行，计划北京南到后做复位处理。

14时55分，铁道部动车台根据部运输局领导指示，要求北京南更换备用车底，但客运乘务仍由原乘务组担当。北京局调度所当班调度员立即做出调整，将G122次调整至北京南16道(同时还将图定接16道的D54次调整至8道)，组织动车段出库一组CRH380BL型动车组，接入北京南17道（与16道同一站台），G122次到达后乘务组换乘17道动车组后正点开行G155次。由于车底配属与客运乘务不匹配，铁道部发布2116号命令，7月18日G122次由北京局车底（17日G155车底）担当，G155次由上海局车底（17日G122车底）担当，客运乘务不变。

7月18日北京局当班调度未安排两列车接入同一站台，15时33分，G122次正点到达11道，G155次车底由动车段出库后于15时27分到达17道。

16时10分，G155次发车进路触发，16时15分调度发现列车未开出，立即询问司机，司机反映列车长说还需要2~3分钟，实际列车16时25分开，晚10分，造成上行G126、G128次因进路交叉在进站信号机外等信号，后续下行G39、G157次、D215次均晚开。最后定一般D类耽误列车责任事故，北京局调度所负主要责任，上海客运段负重要责任。

二、经验教训

（1）片面考虑了调整股道对其他列车到发线使用造成的影响以及变更股道造成交叉进路对行车的影响，对乘务组换乘没有给予足够重视，殊不知不同站台换乘远比调整到发线给现场带来的影响更大。

（2）对不同站台客运换乘的困难估计不足，感觉图定折返时间42分钟不算紧张，提前也向G122次列车长了解了换乘需求，并布置北京南安排小推车协助列车搬运备品，结果由于上海客运段自己联系的一辆备品小车找不到列车耽误了时间。事后，客运部门模拟了备品搬运场景，列车上的冷链、热链食品需要大量平板车和“小红帽”来协助搬运，上下楼梯需要等待电梯，这些都耗费了很多时间，这是以前没有认真思考过的问题。

（3）调度员盯控不到位，应变能力差，没有实时盯控现场作业进度，感觉正点开没有问题，对列车发车进路没有做非自触，发现列车没有开车后，仍然没有采取果断措施取消发车进路，人为扩大了影响。

（4）列车长应变能力差、缺乏正点意识，明知只差一车备品不到位，也不提前与客调联系沟通，到开车点也不采取果断措施，应急处理死板，不灵活，造成晚点。

（5）吸取教训后总结得出，一旦因动车组故障临时安排换车时，车底与客运乘务尽量不分家，一律安排热备动车组及热备乘务组同时担当，遇特殊情况造成客运乘务、旅客换乘时，一律安排同一站台。

第14章 安全工作

本章重点：

（1）生产经营单位的安全生产管理。
（2）事故及铁路行车事故分类。
（3）铁路行车事故调查。

第一节　生产经营单位的安全生产管理

一、安全生产管理基本概念

（一）安全生产、安全生产管理

1. 安全生产

安全生产是为了使生产过程在符合物质条件和工作秩序下进行，防止发生人身伤亡和财产损失等生产事故，消除或控制危险、有害因素，保障人身安全与健康、设备和设施免受损坏、环境免遭破坏的总称。

2. 安全生产管理

安全生产管理，就是针对人们在生产过程中的安全问题，运用有效的资源，发挥人们的智慧，通过人们的努力，进行有关决策、计划、组织和控制等活动，实现生产过程中人与机器设备、物料、环境的和谐，达到安全生产的目标。

生产目标包括减少和控制危害，减少和控制事故，尽量避免生产过程中由于事故所造成的人身伤害、财产损失、环境污染以及其他损失。

生产管理包括安全生产法制管理、行政管理、监督管理、工艺技术管理、设备设施管理、作业环境管理、条件管理等。

安全生产管理的内容包括安全生产管理机构、安全生产管理人员、安全生产责任制、安全生产管理规章制度、安全生产策划、安全生产培训、安全生产档案等。

基本对象是企业的员工，涉及企业中的所有人员、设备设施、物料、环境、财务、信息等各个方面。

（二）事故、事故隐患、危险、危险源与重大危险源

1. 事故

按照导致事故发生的原因，根据《企业职工伤亡事故分类标准》（GB 6441—1986），将工伤事故分为20类，分别为物体打击、车辆伤害、机械伤害、起重伤害、触电、淹溺、灼烫、火灾、高处坠落、坍塌、冒顶片帮、透水、放炮、瓦斯爆炸、火药爆炸、锅炉爆炸、容器爆炸、其他爆炸、中毒和窒息及其他伤害等。《生产安全事故报告和调查处理条例》（国务院令第493号）将“生产安全事故”定义为：生产经营活动中发生的造成人身伤亡或者直接经济损失的事件。

2. 事故隐患

国家安全生产监督管理总局颁布的第16号令《安全生产事故隐患排查治理暂行规定》，将“安全生产事故隐患”定义为：“生产经营单位违反安全生产法律、法规、规章、标准、规程和安全生产管理制度的规定，或者因其他因素在生产经营活动中存在可能导致事故发生的物的危险状态、人的不安全行为和管理上的缺陷”。事故隐患分为一般事故隐患和重大事故隐患。一般事故隐患是指危害和整改难度较小，发现后能够立即整改排除的隐患。重大事故隐患是指危害和整改难度较大，应当全部或者局部停产停业，并经过一定时间整改治理方能排除的隐患，或者因外部因素影响致使生产经营单位自身难以排除的隐患。

3. 危险

根据系统安全工程的观点，危险是指系统中存在导致发生不期望后果的可能性超过了人们的承受程度。从危险的概念可以看出，危险是人们对事物的具体认识，必须指明具体对象，如危险环境、危险条件、危险状态、危险物质、危险场所、危险人员、危险因素等。一般用风险度来表示危险的程度。在安全生产管理中，风险用生产系统中事故发生的可能性与严重性给出，即

$$R=f(F,\ C)$$

式中：R——风险；

F——发生事故的可能性；

C——发生事故的严重性。

4. 危险源

从安全生产角度，危险源是指可能造成人员伤害、疾病、财产损失、作业环境破坏或其他损失的根源或状态。根据危险源在事故发生、发展中的作用，一般把危险源划分

为两大类，即第一类危险源和第二类危险源。

第一类危险源是指生产过程中存在的，可能发生意外释放的能量，包括生产过程中各种能量源、能量载体或危险物质。第一类危险源决定了事故后果的严重程度，它具有的能量越多，发生事故后果越严重。

5. 重大危险源

广义上说，可能导致重大事故发生的危险源就是重大危险源。《中华人民共和国安全生产法》第九十六条对重大危险源作出了明确的规定：重大危险源，是指长期地或者临时地生产、搬运、使用或者储存危险物品，且危险物品的数量等于或者超过临界量的单元（包括场所和设施）。

（三）安全、本质安全

1. 安全

安全，泛指没有危险、不出事故的状态。生产过程中的安全，即安全生产，指的是“不发生工伤事故、职业病、设备或财产损失”。工程上的安全性，是用概率表示的近似客观量，用以衡量安全的程度。系统工程中的安全概念，认为世界上没有绝对安全的事物，任何事物中都包含有不安全因素，具有一定的危险性。安全是一个相对的概念，危险性是对安全性的隶属度；当危险性低于某种程度时，人们就认为是安全的。安全工作贯穿于系统整个寿命期间。

2. 本质安全

本质安全是指设备、设施或技术工艺含有内在的能够从根本上防止发生事故的功能。具体包括两方面的内容：

（1）失误——安全功能。指操作者即使操作失误，也不会发生事故或伤害，或者说设备、设施和技术工艺本身具有自动防止人的不安全行为的功能。

（2）故障——安全功能。指设备、设施或技术工艺发生故障或损坏时，还能暂时维持正常工作或自动转变为安全状态。

上述两种安全功能应该是设备、设施和技术工艺本身固有的，即在它们的规划设计阶段就被纳入其中，而不是事后补偿的。本质安全是安全生产管理预防为主的根本体现，也是安全生产管理的最高境界。实际上，由于技术、资金和人们对事故的认识等原因，目前还很难做到本质安全，只能作为行业的奋斗目标。

二、安全生产“五要素”及其关系

（一）安全生产“五要素”

安全生产“五要素”是指安全文化、安全法制、安全责任、安全科技和安全投入。

安全生产是指在生产经营活动中，为了避免造成人员伤害和财产损失的事故而采取相应的事故预防和控制措施，使生产过程在符合规定的条件下进行，以保证从业人员的人身安全与健康，设备和设施免受损坏，环境免遭破坏，保证生产经营活动得以顺利进行的相关活动。

1. 安全文化

安全文化即安全意识，是存在于人们头脑中，支配人们行为是否安全的。对公民和职工要加强宣传教育工作，普及安全常识，强化全社会的安全意识，强化公民的自我保护意识。

2. 安全法制

安全法制是指安全生产法律法规和安全生产执法。主要内容包括：广为宣传《安全生产法》，要健全《安全生产法》的配套法规和安全标准。行业、企业要结合实际建立和完善安全生产规章制度，将已被实践证明切实可行的措施和办法上升为制度和法规。

3. 安全责任

安全责任主要是指搞好安全生产的责任心。主要涵义有两层：企业是安全管理的责任主体，企业法定代表人、企业“一把手”是安全生产的第一责任人。第一责任人要切实负起职责，要制定和完善企业安全生产方针和制度，层层落实安全生产责任制，完善企业规章制度，治理安全生产重大隐患，保障发展规划和新项目的安全“三同时”。

4. 安全科技

安全科技是指安全生产科学与技术。主要内容有：企业要采用先进实用的生产技术，组织安全生产技术的研究开发。国家要积极组织重大安全技术攻关，研究制定行业安全技术标准、规范。积极开展国际安全技术交流，努力提高我国安全生产技术水平。

5. 安全投入

安全投入是指保证安全生产必须的经费。主要内容包括：建立企业、地方、国家多渠道的安全投资机制。企业是安全投资主体，要按规定从成本中列支安全生产专项资金，加强财务审计，确保专款专用。国家和地方要支持企业的设备更新和技术改造，要制定源头治本的经济政策，并严格依法执行。

（二）安全生产“五要素”之间的关系

安全生产“五要素”既相对独立，又是一个有机统一的整体，相辅相成甚至互为条件。

安全文化是灵魂和统帅，是安全生产工作基础中的基础，是安全生产工作的精神指向，其他各个要素都应该在安全文化的指导下展开。安全文化又是其他各个要素的目的和结晶，只有在其他要素健全成熟的前提下，才能培育出深入人心的“以人为本”的安全文化。安全法制是安全生产工作进入规范化和制度化的必要条件，是开展其他各项工作的保障和约束；安全责任是安全法制进一步落实的手段，是安全法律法规的具体化；安全科技是保证安全生产工作现代化的工具;安全投入为其他各个要素的开展提供了物质保障。

三、安全生产责任制

《安全生产法》明确规定生产经营单位必须建立、健全安全生产责任制。安全生产责任制是生产经营单位岗位责任制和经济责任制度的重要组成部分，是生产经营单位各项安全生产规章制度的核心，同时也是生产经营单位最基本的安全管理制度。

安全生产责任制是按照职业安全健康工作方针“安全第一，预防为主”和“管生产的同时必须管安全”的原则。将各级负责人员、各职能部门及其工作人员和各岗位生产工人在职业安全健康方面应做的事情和应负的责任加以明确规定的一种制度。

（一）建立安全生产责任制的目的和意义

1. 目的

（1）增强生产经营单位各级负责人员、各职能部门及其工作人员和各岗位生产人员对安全生产的责任感。

（2）明确生产经营单位中各级负责人员、各职能部门及其工作人员和各岗位生产人员在生产安全中应履行的职责和应承担的责任。

2. 意义

（1）落实安全生产方针及有关安全生产法规和政策的具体要求。

（2）通过明确责任使各级各类人员真正重视安全生产工作，确保安全生产。

（二）建立安全生产责任制的要求

（1）建立的安全生产责任制必须符合国家安全生产法律、法规和政策、方针的要求，并应适时修订。

（2）建立的安全生产责任制体系要与生产经营单位管理体制协调一致。

（3）制定安全生产责任制要根据本单位、部门、班组、岗位的实际情况，明确、具体，具有可操作性，防止形式主义。

（4）制定、落实安全生产责任制要有专门的人员与机构来保障。

（5）在建立安全生产责任制的同时建立安全生产责任制的监督、检查等制度，特别要发挥职工群众的监督作用，以保证安全生产责任制得到真正落实。

（三）安全生产责任制的主要内容

1. 生产经营单位主要负责人的职责

① 建立、健全本单位安全生产责任制。

② 组织制定本单位安全生产规章制度和操作规程。

③ 保证本单位安全生产投入的有效实施。

④ 督促、检查本单位的安全生产工作，及时消除生产安全事故隐患。

⑤ 组织制定并实施本单位的生产安全事故应急救援预案。

⑥ 及时、如实报告生产安全事故。

⑦ 组织开展安全生产教育培训工作，依法开展安全生产标准化建设、安全文化建设和班组安全建设工作。

⑧ 组织实施职业病防治工作，保障从业人员的职业健康；组织制定并实施事故应急救援预案。

2. 生产经营单位其他负责人的职责

生产经营单位其他负责人在各自职责范围内，协助主要负责人搞好安全生产工作。

3. 生产经营单位职能管理机构负责人及其工作人员的职责：

职能管理机构负责人按照本机构的职责，组织有关工作人员做好安全生产责任制的落实，对本机构职责范围的安全生产工作负责；职能机构工作人员在本职责范围内做好有关安全生产工作。

4. 班组长的职责

班组是抓好安全生产工作的关键，班组长全面负责本班组的安全生产，是安全生产法律法规和规章制度的直接执行者。贯彻执行本单位对安全生产的规定和要求，督促本班组的工人遵守有关安全生产规章制度和安全操作规程，切实做到不违章指挥，不违章作业，遵守劳动纪律。

5. 岗位工人的职责

岗位工人对本岗位的安全生产负直接责任，要接受安全生产教育和培训，遵守有关安全生产规章制度和安全操作规程，不违章作业，遵守劳动纪律。特种作业人员必须接受专门的培训，经考试合格取得操作资格证书，方可上岗作业。

四、生产经营单位安全生产管理组织保障

组织保障包括两个方面的内容：一是安全生产管理机构的保障；二是安全生产管理人员的保障。

安全生产管理机构是指生产经营单位中专门负责安全生产监督管理的内设机构。安全生产管理人员是指在生产经营单位中从事安全生产管理工作的专职或兼职人员。

《安全生产法》第十九条提出：生产经营单位的安全生产责任制应当明确各岗位的责任人员、责任范围和考核标准等内容。生产经营单位应当建立相应的机制，加强对安全生产责任制落实情况的监督考核，保证安全生产责任制的落实。

五、建设项目“三同时”

(一) 建设项目“三同时”的含义和性质

1. 含义

建设项目“三同时”是指生产性基本建设项目中的安全设施必须符合国家规定的标准，必须与主体工程同时设计、同时施工、同时投入生产和使用，以确保建设项目竣工投产后，符合国家规定的安全生产标准，保障从业人员在生产过程中的安全与健康。

2. 性质

是一种事前保障措施，是一种本质安全措施。

(二) 实施建设项目“三同时”的主要法律依据

《安全生产法》第二十四条：生产经营单位的主要负责人和安全生产管理人员必须具备与本单位所从事的生产经营活动相应的安全生产知识和管理能力。

《职业病防治法》第十六条：建设项目的职业病防护设施所需费用应当纳入建设项目工程预算，并与主体工程同时设计，同时施工，同时投入生产和使用。

《劳动法》第六章第五十三条：劳动安全卫生设施必须符合国家规定的标准。新建、改建、扩建工程的劳动安全卫生设施必须与主体工程同时设计、同时施工、同时投入生产和使用。

(三) 建设项目“三同时”的主要内容

1. 可行性研究阶段

进行劳动安全卫生论证，并将其作为专门章节编入建设项目可行性研究报告。

将劳动安全卫生设施所需投资纳入投资计划。

在建设项目可行性研究阶段，实施建设项目劳动安全卫生预评价。

对符合下列情况之一的，由建设单位自主选择并委托本建设项目设计单位以外的、有劳动安全卫生预评价资格的单位进行劳动安全卫生预评价：

① 大中型或限额以上的建设项目。

② 火灾危险性生产类别为甲类的建设项目。

③ 爆炸危险场所等级为特别危险场所和高度危险场所的建设项目。

④ 大量生产或使用I级、II级危害程度的职业性接触毒物的建设项目。

⑤ 大量生产或使用石棉粉料或含有10%以上游离二氧化硅粉料的建设项目。

⑥ 安全生产监督管理机构确认的其他危险、危害因素大的建设项目。

预评价工作完成后，由建设单位将预评价报告报送安全生产监督管理机构。

预评价工作应在建设项目初步设计会审前完成并通过安全生产监督管理机构的审批。

2. 初步设计阶段

设计单位在编制初步设计文件时，应严格遵守我国有关劳动安全卫生的法规、标准，同时编制《劳动安全卫生专篇》，并应依据劳动安全卫生预评价报告及安全生产监督管理机构的批复，完善初步设计。

建设单位在初步设计会审前，应向安全生产监督管理机构报送建设项目劳动安全卫生预评价报告和初步设计文件及图纸资料。安全生产监督管理机构根据国家有关法规和标准，审查并批复初步设计文件中的《劳动安全卫生专篇》（审查同意后，及时办理《建设项目劳动安全卫生初步设计审批表》）。

3. 施工阶段

建设单位对承担施工任务的单位提出落实“三同时”规定的具体要求，并负责提供必需的资料和条件。

施工单位应严格按照施工图纸和设计要求，确实做到劳动安全卫生设施与主体工程同时施工，并对建设项目的劳动安全卫生设施的工程质量负责。

4. 试生产阶段

建设单位在试生产设备调试阶段，应同时对劳动安全卫生设施进行调试和考核，对其效果做出评价；组织、进行劳动安全卫生培训教育，制定完整的劳动安全卫生方面的规章制度及事故预防和应急处理预案。

建设单位在试生产运行正常后、建设项目预验收前，委托安全生产监督管理机构认可的单位进行劳动条件检测和有关设备的安全卫生检测、检验，并将结果数据、存在的问题以及采取的措施写入劳动安全卫生验收专题报告，报送安全生产监督管理机构审批。

5. 竣工验收阶段

安全生产监督管理机构根据建设单位报送的建设项目劳动安全卫生验收专题报告，对建设项目竣工进行劳动安全卫生验收。

凡符合需要进行预评价的建设项目，在正式验收前应进行劳动安全卫生预验收或专项审查验收。对预验收中提出的劳动安全卫生方面的改进意见应按期整改（建设项目劳动安全卫生设施和技术措施经安全生产监督管理机构验收通过后，应及时办理《建设项目劳动安全卫生验收审批表》）。

建设项目劳动安全卫生验收专题报告的主要内容包括：

① 初步设计中的劳动安全卫生设施已按设计要求与主体工程同时建成、投入使用的情况。

② 建设项目中特种设备已经由具有法定资格的单位检验合格，取得安全使用证（或检验合格证书）的情况。

③ 工作环境、劳动条件经测试符合国家有关规定的情况。

④ 建设项目中劳动安全卫生设施经现场检查符合国家有关劳动安全卫生标准的情况。

⑤ 设立了安全卫生管理机构，配备了必要的检测仪器、设备，建立、健全了劳动安全卫生规章制度和安全操作规程，组织进行了劳动安全卫生培训教育，特种作业人员已经培训、考核，取得安全操作证的情况，制定了事故预防和应急处理预案情况。

六、铁路的安全生产

铁路行车组织工作，必须贯彻安全生产的方针，坚持高度集中、统一领导的原则。运输、机务、车辆、工务、电务、供电、信息、房建等部门要发扬协作精神，主动配合，紧密联系，协同动作，组织均衡生产，不断提高效率，挖掘运输潜力，完成和超额完成铁路运输任务。

安全生产既是铁路运输组织的一贯方针，也是对铁路职工职责的基本要求。铁路发生事故，会给人民生命财产造成严重损失，因此行车有关各部门、各单位必须认真贯彻安全生产方针。

铁路行车工作具有点多、线长、面广且多工种协同动作的特点。只有坚持高度集中、统一领导的原则，才能把各部门集成为统一的整体，使各项工作环环相扣，紧密衔接，保证运输生产安全、迅速、准确、协调地进行。

铁路运输各部门之间联系密切，应加强协作，树立全局观念；在行车工作中，应加强调度指挥，组织均衡运输，挖掘生产潜力，不断提高工作效率，积极总结和推广先进经验，以保证全面完成和超额完成运输生产任务。

七、救援设备

在铁路总公司指定地点设事故救援列车、电线路修复车、接触网抢修车，配备应急通信设备，并处于整备待发状态，其工具备品应保持齐全整洁，作用良好。

根据运输生产需要，铁路局应在无救援列车的编组站、区段站和二等以上车站成立事故救援队，配备简易起复设备和工具。

铁路总公司、铁路局应急救援指挥中心应建设应急平台，配备相应的应急指挥设施和通信等设备，确保事故现场的图像、话音及数据在规定的时限内传送至应急救援指挥中心。

机车、自轮运转特种设备上均应备有复轨器和铁鞋（止轮器）。

动车组应配备止轮器（铁鞋）、紧急用渡板、应急梯、过渡车钩和专用风管。

救援列车停留线，原则上应设在两端接通、便于救援列车出动的段管线（站线）上。救援列车基地应配备生产、生活、培训设施设备。

八、养护维修及检查

铁路技术设备的养护维修工作，应实现机械化、自动化、专业化、信息化，落实责任制和检验制，坚持以预防为主、检修与保养并重、预防与整治相结合的原则，合理确定检修项目和检修周期，组织定期检查，加强日常维修，提高设备质量。

基础设施实行天窗修制度，并推行预防性计划修、专业化集中修制度。

铁路技术设备应保持完整良好状态。根据设备变化规律、季节特点，安排设备检修。检修单位应保证检修质量符合规定的标准和使用期限，并经检验合格后，方准交付运用。

为满足检修需要，应建立检修基地，设置检修、试验设备（包括检查车、试验车）、运输工具、必要的生产辅助车间和生产房屋，并应储备定量的器材和备品，以备急需和替换时使用。储备的器材和备品动用后，应及时补齐。

对各种机械设备应制定相应的检修、保养范围及安全操作规程。有关人员应做到正确使用，精心保养，细心检修，保持其良好状态。

铁路技术设备，除由直接负责维修及管理的部门经常检查、周期维修外，铁路局还应按规定组织有关人员定期进行全面检查和专项检查。具体办法由铁路局规定。

固定行车设备定期全面检查和专项检查的检查结果记入《行车设备检查登记簿》内。检查中发现问题，要及时解决；对危及行车安全的，须立即采取措施；当时不能解决的，要安排计划，限期完成，并进行复查；需要上级解决的，要按程序上报。

铁路局有关专业管理部门应按规定组织专项检查。其中：

（1）对重要线路的平面及纵断面复测、限界检查，每五年不少于一次；技术复杂及重要的桥梁、隧道的检定，其他线路的平面及纵断面复测、限界检查，每十年不少于一次；对其他桥梁、隧道的检定，应根据实际需要进行。对驼峰及调车场线路溜放纵断面的复测，每五年不少于一次。

（2）登乘机车、动车组列车或其他旅客列车尾部对线路全面检查，每月不少于一次。

（3）对干线地面信号、机车信号、轨道电路设备和列车无线调度通信设备等的运用状态，每月检查一次；场强覆盖每季度检查一次。登乘机车检查信号显示距离、机车信号显示状态及列车无线调度通信设备运用质量，每月不少于一次。

（4）对接触网状态，每月检查一次；对接触网设备限界检查，每五年不少于一次；对其他供电设备定期检查。

（5）对为客货运服务的建（构）筑物（包括限界）和生产、办公房屋的检查，每年不少于一次；对客运服务设备每年春运前进行一次全面检查。

铁路局根据需要可加密检查或随时检查。

铁路总公司专业技术机构根据线路的年通过总重、线路允许速度，使用专用设备定期对主要线路进行轨道、通信信号、接触网检查和钢轨探伤。

九、灾害防护

铁路局应根据历年降雨、洪水规律和当年的气候趋势预测，发布防洪命令，制定防洪预案，汛期前进行防洪检查处理，组织有关部门对沿线危树、危石进行检查，完成防洪工程和预抢工程，储备足够的抢险料具及机具，组织抢修队伍并进行演练，依靠当地政府建立群众性的防洪组织。加强雨中和雨后的检查，严格执行汛期安全行车措施，强化降雨量和洪水位警戒制度、防洪重点处所监护制度。对于可能危及行车安全的地点，有条件时可安装自动报警装置。对水流量大、河床不稳定的桥梁，要设置必要的监测仪器，建立观测制度，掌握桥梁水文及河床变化情况，及时采取预防和整治措施。汛前，须将防洪重点处所抄送相邻相关铁路局。

一旦发生灾害，应积极组织抢修，尽快修复，争取不中断行车或减少中断行车时间。设备修复后，须达到规定标准。

加强对电子电气设备的雷电防护及电磁兼容防护工作，逐步建立雷电预警系统，减少或防止雷电等自然灾害对设备的影响。

对于防寒工作，应提前做好准备。铁路局要抓好以下工作：

（1）对有关人员进行防寒过冬培训，并按规定做好防寒劳动防护用品的配备和发放工作。

（2）对铁路技术设备进行防寒过冬检查、整修，并根据需要做好包扎管路等工作。

（3）做好易冻设备、物资的防冻解冻工作。

（4）储备足够的防寒过冬材料、燃料和工具，检修好除冰雪机具和防雪设备，组织好除冰雪队伍。

在需要进行防暑工作的调度室、行车人员值班室、较大车站的生产车间、作业人员间休室等重要生产房屋，应设有降温设备。露天作业场所根据需要设置凉棚。

在炎热季节应有足够的防暑用品和药物，并应有供职工饮用的清凉饮料。

在暑季前，应对防暑降温设备进行检查、整修。

有旅客或工作人员的机车车辆内，均须备有灭火器。客车内的燃煤锅炉、茶炉，餐车低压锅炉、炉灶须有防火措施。餐车低压锅炉还须有防爆措施。

机车车辆停车及检修库、油脂库、洗罐所、通信信号机械室、计算机机房、牵引变电所控制室及为客货运服务的建（构）筑物等主要处所，均须备有完好的消防专用器具。

有关单位应建立和健全消防组织，定期进行检查。

十、行车安全检测设备

铁路行车安全监测设备是保障铁路运输安全的重要技术设备，应具备监测、记录、报警、存取功能，保持其作用良好、准确可靠，并定期进行计量校准。

铁路行车安全监测设备主要包括：

（1）机车车辆的车载监测设备。

（2）机车车辆的地面监测设备。

（3）轨道、通信、信号、牵引供电、电力等固定设备的移动检测设备。

（4）线路、桥梁、隧道、通信、信号、牵引供电、电力等固定设备的在线自动监测设备。

（5）车站行车作业监控设备。

（6）自然灾害综合监测预警设备。

（7）列车安全防护预警系统、道口及施工防护设备。

铁路行车安全监测设备应实现信息共享，为运输组织、行车指挥、设备检修、救援及事故分析等提供信息。

第二节　事故报告、调查与处理

一、事故报告

（一）铁路交通事故等级划分的规定

依据《条例》规定，事故分为特别重大事故、重大事故、较大事故和一般事故四个等级。

1. 特别重大事故

有下列情形之一的，为特别重大事故：

① 造成 30 人以上死亡。

② 造成 100 人以上重伤（包括急性工业中毒，下同）。

③ 造成 1 亿元以上直接经济损失。

④ 繁忙干线客运列车脱轨 18 辆以上并中断铁路行车 48 小时以上。

⑤ 繁忙干线货运列车脱轨 60 辆以上并中断铁路行车 48 小时以上。

2. 重大事故

有下列情形之一的，为重大事故：

① 造成 10 人以上 30 人以下死亡。

② 造成 50 人以上 100 人以下重伤。
③ 造成 5 000 万元以上 1 亿元以下直接经济损失。
④ 客运列车脱轨 18 辆以上。
⑤ 货运列车脱轨 60 辆以上。
⑥ 客运列车脱轨 2 辆以上 18 辆以下，并中断繁忙干线铁路行车 24 小时以上或者中断其他线路铁路行车 48 小时以上。
⑦ 货运列车脱轨 6 辆以上 60 辆以下，并中断繁忙干线铁路行车 24 小时以上或者中断其他线路铁路行车 48 小时以上。

3. 较大事故

有下列情形之一的，为较大事故：
① 造成 3 人以上 10 人以下死亡。
② 造成 10 人以上 50 人以下重伤。
③ 造成 1 000 万元以上 5 000 万元以下直接经济损失。
④ 客运列车脱轨 2 辆以上 18 辆以下。
⑤ 货运列车脱轨 6 辆以上 60 辆以下。
⑥ 中断繁忙干线铁路行车 6 小时以上。
⑦ 中断其他线路铁路行车 10 小时以上。

4. 一般事故

一般事故分为：一般 A 类事故、一般 B 类事故、一般 C 类事故、一般 D 类事故。
（1）一般 A 类事故。
有下列情形之一，未构成较大以上事故的，为一般 A 类事故：
A1. 造成 2 人死亡。
A2. 造成 5 人以上 10 人以下重伤。
A3. 造成 500 万元以上 1 000 万元以下直接经济损失。
A4. 列车及调车作业中发生冲突、脱轨、火灾、爆炸、相撞，造成下列后果之一的：
A4.1 繁忙干线双线之一线或单线行车中断 3 小时以上 6 小时以下，双线行车中断 2 小时以上 6 小时以下。
A4.2 其他线路双线之一线或单线行车中断 6 小时以上 10 小时以下，双线行车中断 3 小时以上 10 小时以下。
A4.3 客运列车耽误本列 4 小时以上。
A4.4 客运列车脱轨 1 辆。
A4.5 客运列车中途摘车 2 辆以上。
A4.6 客车报废 1 辆或大破 2 辆以上。
A4.7 机车大破 1 台以上。

A4.8 动车组中破 1 辆以上。

A4.9 货运列车脱轨 4 辆以上 6 辆以下。

（2）一般 B 类事故。

有下列情形之一，未构成一般 A 类以上事故的，为一般 B 类事故：

B1. 造成 1 人死亡。

B2. 造成 5 人以下重伤。

B3. 造成 100 万元以上 500 万元以下直接经济损失。

B4. 列车及调车作业中发生冲突、脱轨、火灾、爆炸、相撞，造成下列后果之一的：

B4.1 繁忙干线行车中断 1 小时以上。

B4.2 其他线路行车中断 2 小时以上。

B4.3 客运列车耽误本列 1 小时以上。

B4.4 客运列车中途摘车 1 辆。

B4.5 客车大破 1 辆。

B4.6 机车中破 1 台。

B4.7 货运列车脱轨 2 辆以上 4 辆以下。

（3）一般 C 类事故。

有下列情形之一，未构成一般 B 类以上事故的，为一般 C 类事故：

C1. 列车冲突。

C2. 货运列车脱轨。

C3. 列车火灾。

C4. 列车爆炸。

C5. 列车相撞。

C6. 向占用区间发出列车。

C7. 向占用线接入列车。

C8. 未准备好进路接、发列车。

C9. 未办或错办闭塞发出列车。

C10. 列车冒进信号或越过警冲标。

C11. 机车车辆溜入区间或站内。

C12. 列车中机车车辆断轴，车轮崩裂，制动梁、下拉杆、交叉杆等部件脱落。

C13. 列车运行中碰撞轻型车辆、小车、施工机械、机具、防护栅栏等设备设施或路料、坍体、落石。

C14. 接触网接触线断线、倒杆或塌网。

C15. 关闭折角塞门发出列车或运行中关闭折角塞门。

C16. 列车运行中刮坏行车设备设施。

C17. 列车运行中设备设施、装载货物（包括行包、邮件）、装载加固材料（或装置）超限（含按超限货物办理超过电报批准尺寸的）或坠落。

C18. 装载超限货物的车辆按装载普通货物的车辆编入列车。

C19. 电力机车、动车组带电进入停电区。

C20. 错误向停电区段的接触网供电。

C21. 电化区段攀爬车顶耽误列车。

C22. 客运列车分离。

C23. 发生冲突、脱轨的机车车辆未按规定检查鉴定编入列车。

C24. 无调度命令施工，超范围施工，超范围维修作业。

C25. 漏发、错发、漏传、错传调度命令导致列车超速运行。

（4）一般 D 类事故。

有下列情形之一，未构成一般 C 类以上事故的，为一般 D 类事故：

D1. 调车冲突。

D2. 调车脱轨。

D3. 挤道岔。

D4. 调车相撞。

D5. 错办或未及时办理信号致使列车停车。

D6. 错办行车凭证发车或耽误列车。

D7. 调车作业碰轧脱轨器、防护信号，或未撤防护信号动车。

D8. 货运列车分离。

D9. 施工、检修、清扫设备耽误列车。

D10. 作业人员违反劳动纪律、作业纪律耽误列车。

D11. 滥用紧急制动阀耽误列车。

D12. 擅自发车、开车、停车、错办通过或在区间乘降所错误通过。

D13. 列车拉铁鞋开车。

D14. 漏发、错发、漏传、错传调度命令耽误列车。

D15. 错误操纵、使用行车设备耽误列车。

D16. 使用轻型车辆、小车及施工机械耽误列车。

D17. 应安装列尾装置而未安装发出列车。

D18. 行包、邮件装卸作业耽误列车。

D19. 电力机车、动车组错误进入无接触网线路。

D20. 列车上工作人员往外抛掷物体造成人员伤害或设备损坏。

D21. 行车设备故障耽误本列客运列车 1 小时以上，或耽误本列货运列车 2 小时以上；固定设备故障延时影响正常行车 2 小时以上（仅指正线）。

国家铁路集团有限公司可将影响行车安全的其他情形，列入一般事故。

因事故死亡、重伤人数 7 日内发生变化，导致事故等级变化的，相应改变事故等级。

（二）事故报告

1. 事故报告的提交

事故发生后，事故现场的铁路运输企业工作人员或者其他人员应当立即向邻近铁路车站、列车调度员、公安机关或者相关单位负责人报告。有关单位和人员接到报告后，应立即将事故情况向企业负责人和事故发生地安全监管办安全监察值班人员报告，安全监管办安全监察值班人员按规定向安全监管办负责人报告。

铁路运输企业列车调度员要认真填写《铁路交通事故（设备故障）概况表》（安监报 1），分别向事故发生地安全监管办安全监察值班人员、铁道部列车调度员报告。

事故发生地安全监管办安全监察值班人员接到“安监报 1”或现场事故报告后，要立即填写《铁路交通事故基本情况表》（安监报 3），并向铁路集团公司部安全监察司值班人员报告。报告后要进一步了解事故情况，及时补报“安监报 3”。

涉及其他安全监管办辖区的事故，发生地安全监管办安全监察值班人员应及时将“安监报 3”传送至相关安全监管办的安全监察部门。

铁路集团公司列车调度员接到事故报告后，应及时收取或填写“安监报 1”，并立即向值班处长和安全监察司值班人员报告；值班处长、安全监察司值班人员按规定分别向本部门负责人、铁路集团公司办公厅部长办公室报告，由部门负责人向部领导报告。事故涉及其他部门时，由办公厅部长办公室通知相关部门负责人。

发生特别重大事故、重大事故，由铁道部办公厅负责向国务院办公厅报告，并通报国家安全生产监督管理总局等有关部门。

发生特别重大事故、重大事故、较大事故或者有人员伤亡的一般事故，安全监管办应向事故发生地县级以上地方人民政府及其安全生产监督管理部门通报。

2. 事故报告的主要内容

事故报告的主要内容有：

① 事故发生的时间、地点、区间（线名、公里、米）、线路条件、事故相关单位和人员。

② 发生事故的列车种类、车次、机车型号、部位、牵引辆数、吨数、计长及运行速度。

③ 旅客人数，伤亡人数、性别、年龄以及救助情况，是否涉及境外人员伤亡。

④ 货物品名、装载情况，易燃、易爆等危险货物情况。

⑤ 机车车辆脱轨辆数、线路设备损坏程度等情况。

⑥ 对铁路行车的影响情况。

⑦ 事故原因的初步判断，事故发生后采取的措施及事故控制情况。

⑧ 应当立即报告的其他情况。

3. 事故报告后

事故报告后，人员伤亡、脱轨辆数、设备损坏等情况发生变化时，应及时补报。

事故现场通话按“117”立接制应急通话级别办理。

铁路集团公司、安全监管办、铁路运输企业应向社会公布事故报告值班电话，受理事故报告和举报。

二、事故调查

（一）事故调查组基本分级原则

1. 特别重大事故

按《条例》规定由国务院或国务院授权的部门组织事故调查组进行调查。

2. 重大事故

由国家铁路局组织事故调查组进行调查。调查组组长由国家铁路局负责人或指定人员担任，安全监察司、运输局、公安局等部门和铁路集团公司派出机构、相关安全监管办等部门（单位）派员参加。

3. 较大事故和一般事故

由事故发生地安全监管办组织事故调查组进行调查。调查组组长由安全监管办负责人或指定人员担任，安全监管办安全监察部门、有关业务处室、公安机关等部门派员参加。

（二）事故调查组特殊分级原则

铁路集团公司认为必要时，可以参与或直接组织对较大事故和一般事故的调查。

根据事故的具体情况，事故调查组还可由工会、监察机关有关人员以及有关地方人民政府、公安机关、安全生产监督管理部门等单位派人组成，并应当邀请人民检察院派人参加。事故调查组认为必要时，可以聘请有关专家参与事故调查。

发生一般 B 类以上、重大以下事故（不含相撞的事故），涉及其他安全监管办辖区时，事故发生地安全监管办应当在事故发生后 12 小时内发出电报通知相关安全监管办。相关安全监管办接到电报后，应当立即派员参加事故调查组。

自事故发生之日起 7 日内，因事故伤亡人数变化导致事故等级发生变化，依照《条例》规定由上级机关调查的，原事故调查组应当及时报告上级机关。

（三）事故调查组的职责

1. 事故调查组的基本职责

事故调查组履行下列职责：

① 查明事故发生的经过、原因、人员伤亡情况及直接经济损失。

② 认定事故的性质和事故责任。

③ 提出对事故责任者的处理建议。

④ 总结事故教训，提出防范和整改措施。

⑤ 提交事故调查报告。

2. 事故调查组的具体职责

事故调查组在事故发生后应当及时通知相关单位和人员；一般 B 类以上、重大以下的事故（不含相撞的事故）发生后，应当在 12 小时内通知相关单位，接受调查。

事故调查组到达现场前，组织事故调查组的机关可指定临时调查组组长，组成临时调查组，勘察现场，掌握人员伤亡、机车车辆脱轨、设备损坏等的情况，保存痕迹和物证，查找事故线索及原因，做好调查记录，及时向事故调查组报告。

事故调查组到达后，发生事故的有关单位必须主动汇报事故现场真实情况，并为事故调查提供便利条件。事故发生单位的负责人和有关人员在事故调查期间应当随时接受事故调查组的询问，如实提供有关资料和物证。

事故调查组有权向有关单位和个人了解与事故有关的情况，并要求其提供相关文件、资料，有关单位和个人不得拒绝。

事故调查组根据需要，可组建若干专业小组，进行以下调查取证：

① 搜集事故现场物证、痕迹，测量并按专业绘制事故现场示意图，标注现场设备、设施、遗留物的名称、尺寸、位置、特征等。

需要搬动伤亡者、移动现场物体的，应做出标记，妥善保存现场的重要痕迹、物证；暂时无法移动的，应予守护，并设明显标志。

② 询问事故当事人及相关人员，收取口述、笔述、笔录、证照、档案，并复制、拍照。不能书写书面材料的，由事故调查组指定人员代笔记录并经本人签认。无见证人或者当事人、相关人员拒绝签字的，应当记录在案。

③ 对事故现场全貌、方位、有关建筑物、相关设备设施、配件、机动车、遗留物、致害物、痕迹、尸体、伤害部位等进行拍照、摄像。及时转储、收存安全监控、监测、录音、录像等设备的记录。

④ 收取伤亡人员伤害程度诊断报告、病理分析、病程救治记录、死亡证明、既往病历和健康档案资料等。

⑤ 对有涂改、灭失可能或以后难以取得的相关证据进行登记封存。

⑥ 查阅有关规章制度、技术文件、操作规程、调度命令、作业记录、台账、会议记录、安全教育培训记录、上岗证书、资质证书、承（发）包合同、营业执照、安全技术交底资料等，必要时将原件或复印件附在调查记录内。

⑦ 对有关设备、设施、配件、机动车、器具、起因物、致害物、痕迹、现场遗留物等进行技术分析、检测和试验，组织笔迹鉴定，必要时组织法医进行尸表检验或尸体

解剖，并写出专题报告。

⑧ 脱轨事故发生后，在全面调查的基础上，必要时应对事故地点前后一定长度范围内的线路设备进行检查测量，并调阅近期内该段线路质量检测情况；对事故地点前方（列车运行相反方向）一定长度的线路范围内，有无机车车辆配件脱落、刮碰行车设备的痕迹等进行检查，对脱轨列车中有关的机车车辆进行检查测量，并调阅脱轨机车车辆近期内运行情况监测记录。

事故调查中需要对相关的铁路设备、设施进行技术鉴定或者对财产损失状况以及中断铁路行车造成的直接经济损失进行评估的，事故调查组应当委托具有国家规定资质的机构进行技术鉴定或者评估。技术鉴定或者评估所需时间不计入事故调查期限。

各专业小组应按调查组组长的要求，及时提交专业小组调查报告。调查组组长应组织审议专业小组调查报告，并研究形成《铁路交通事故调查报告》，由调查组所有成员签认。调查组成员意见不一致时，应在事故报告中分别进行表述，报组织调查的机关审议、裁定。

事故调查中发现涉嫌犯罪的，事故调查组应当及时将有关证据、材料移交司法机关。

（四）《铁路交通事故调查报告》的内容

《铁路交通事故调查报告》应包括下列内容：

（1）事故概况。

（2）事故造成的人员伤亡和直接经济损失。

（3）事故发生的原因和事故性质。

（4）事故责任的认定以及对事故责任者的处理建议。

（5）事故防范和整改措施建议。

（6）与事故有关的证明材料。

（五）《铁路交通事故调查报告》的提交期限

事故调查组应在下列期限内向组织事故调查组的机关提交《铁路交通事故调查报告》：

（1）特别重大事故的调查期限为 60 日。

（2）重大事故的调查期限为 30 日。

（3）较大事故的调查期限为 20 日。

（4）一般事故的调查期限为 10 日。

事故调查期限自事故发生之日起计算。

三、事故处理

（一）《铁路交通事故认定书》

1.《铁路交通事故认定书》的提交

事故调查组形成《铁路交通事故调查报告》，报组织事故调查的机关同意后，事故调查组的工作即告结束。铁路集团、安全监管办的安全监察部门应在事故调查组工作结束后 15 日之内，根据事故报告，制作《铁路交通事故认定书》，经批准后，送达相关单位。

一般 B 类以上、重大以下事故（相撞事故为较大事故）的档案材料，应报铁路集团备案（3 份）。

铁路集团发现安全监管办对事故认定不准确时，应予以纠正。必要时，可另行组织调查。

事故调查组成员在事故调查工作中应诚信公正、恪尽职守，遵守事故调查组的纪律，保守事故调查的秘密。未经事故调查组组长允许，调查组成员不得擅自发布有关事故的调查信息。

调查事故应配备必要的调查设备和装备，保证调查工作的顺利进行。调查设备和装备包括通信设备、摄影摄像设备、录音设备、绘图制图设备、便携电脑以及其他必要的装备。

2.《铁路交通事故认定书》的内容

《铁路交通事故认定书》应按照铁路集团规定的统一格式制作，内容包括：

（1）事故发生的原因和事故性质。

（2）事故造成的人员伤亡和直接经济损失。

（3）事故责任的认定。

（4）对有关责任单位及人员的处理决定或建议。

（二）《铁路交通事故处理报告表》

事故责任单位接到《铁路交通事故认定书》后，于 7 日内，填写《铁路交通事故处理报告表》（安监报 2），按规定报送《铁路交通事故认定书》制作机关，并存档。

第三节　事故责任判定和损失认定

一、事故责任判定

（一）事故的分类

事故分为责任事故和非责任事故。

责任事故是指工厂、矿山、建筑、交通、医疗及其他部门工作人员，由于严重不负责任，违反规章制度，使公私财产遭受损失或导致危害人身安全的事故发生。

非责任事故是指由于自然界的因素而造成不可抗拒的事故，或由于当前科学技术条件的限制而发生的难以预料的事故。

（二）事故责任

1. 事故责任的分类

事故责任分为全部责任、主要责任、重要责任、次要责任和同等责任。

根据《交通事故处理程序规定》第四十五条规定：公安机关交通管理部门经过调查后，应当根据当事人的行为对发生交通事故所起的作用以及过错的严重程度，确定当事人的责任：

（1）因一方当事人的过错导致交通事故的，承担全部责任；当事人逃逸，造成现场变动、证据灭失，公安机关交通管理部门无法查证交通事故事实的，逃逸的当事人承担全部责任；当事人故意破坏、伪造现场、毁灭证据的，承担全部责任。

（2）因两方或者两方以上当事人的过错发生交通事故的，根据其行为对事故发生的作用以及过错的严重程度，分别承担主要责任、同等责任和次要责任。

（3）各方均无导致交通事故的过错，属于交通意外事故的，各方均无责任；一方当事人故意造成交通事故的，他方无责任。

一方当事人故意造成道路交通事故的，他方无责任。

省级公安机关可以根据有关法律、法规制定具体的道路交通事故责任确定细则或者标准。

2. 责任事故示例

凡经铁路集团批准或铁路运输企业批准并报铁路集团核备后的技术革新项目、科研项目在运营线上试验时，在限定的试验期限内确因试验项目本身原因发生事故，不定责任事故；但由于违反操作规程以及其他人为因素造成的事故，定责任事故。

铁路作业人员在从事与行车相关的作业过程中，不论作业人员是否在其本职岗位，由于违反操作规程、作业纪律，或铁路运输生产设备设施、劳动条件、作业环境不良，或安全管理不善等造成伤亡的，定责任事故。

作业人员伤亡事故原因不清，或公安机关已立案但尚无明确结论的，定责任事故。暂时不能确定事故性质、责任的，按待定办理。若跨年度仍不能确定或处理时间超过法定期限的，定伤亡人员所在单位责任。在年度统计截止前，该事故已查清并作出与原处理决定相反结论的，可向原处理部门申请更正。

二、事故损失认定

事故相关单位要如实统计、申报事故直接经济损失，制作明细表，经事故调查组确认后，在《铁路交通事故认定书》中认定。

（一）事故直接经济损失费用类别

下列费用列入事故直接经济损失：

① 铁路机车车辆、线路、桥隧、通信、信号、供电、信息、安全、给水等设备设施的损失费用。报废设备按报废设备账面净值计算，或按照市场重置价计算；破损设备设施按修复费用计算。

② 铁路运输企业承运的行包、货物的损失费用。

③ 事故中死亡和受伤人员的处理、处置、医治等费用（不含人身保险赔偿费用）。

④ 被撞机动车、非机动车、牲畜等财产物资，造成的报废或修复费用。

⑤ 行车中断的损失费用。

⑥ 事故应急处置和救援费用。

⑦ 其他与事故直接有关的费用。

有作业人员伤亡的，直接经济损失统计范围、计算方法等按《企业职工伤亡事故经济损失统计标准》（GB 6721—86）执行。

（二）事故直接经济损失费用比例

负有事故全部责任的，承担事故直接经济损失费用的 100%；负有主要责任的，承担损失费用的 50%以上；负有重要责任的，承担损失费用的 30%以上、50%以下；负有次要责任的，承担损失费用的 30%以下。

有同等责任、涉及多家责任单位承担损失费用时，由事故调查组根据责任程度依次确定损失承担比例。

负同等责任的单位，承担相同比例的损失费用。

第四节　事故统计、分析

国家铁路局、安全监管办、铁路运输企业及基层单位应按照本规则规定，建立事故统计分析制度，健全统计分析资料，并按规定及时报送。各级安全监察部门负责事故统计分析报告的日常工作，并负责监督指导有关部门（单位）做好事故统计分析报告工作。

一、事故统计

（一）事故统计原则、分类、时间

原则：及时、准确、真实、完整。事故的统计分类：应按照事故类别、等级、性质、原因、部门、责任等项目分别进行统计。

每日事故的统计时间：由前一日 18 时至当日 18 时。但填报事故发生时间时，应以实际时间为准，即以零点改变日期。

（二）事故统计方法

（1）责任事故件数统计在负全部责任、主要责任的单位，非责任事故和待定责事故件数统计在发生单位，相撞事故统计在发生单位。

（2）负同等责任或追究同等责任的，在总数中不重复统计件数。

（3）一起事故同时符合两个以上事故等级的，以最高事故等级进行统计。

（4）发生人员伤亡的事故应按以下规定统计：

① 人员在事故中失踪，至事故结案时仍未找到的，按死亡统计。

② 事故受伤人员因正常手术治疗而加重伤害程度的，按手术后的伤害程度统计。

③ 事故受伤人员经救治无效，在 7 日内死亡的，按死亡统计；经医疗事故鉴定委员会确认为医疗事故的，或 7 日后死亡的，按原伤害程度统计。

④ 事故受伤人员在 7 日内由轻伤发展成重伤的，按重伤统计。

⑤ 未经医疗事故鉴定委员会确认为医疗事故的伤亡，按责任事故统计。

⑥ 相撞事故发生后，经调查确认为自杀、他杀的，不在伤亡人数中统计。

（三）事故统计报告的填写

铁路各级安全监察部门应建立《铁路交通事故登记簿》（安监统 1）、《铁路交通事故统计簿》（安监统 2）、《铁路运输企业安全天数登记簿》（安监统 3）、《铁路作业人员伤亡登记簿》（安监统 4）和《铁路交通事故分析会记录簿》。

铁路运输企业专业部门、各基层站段应分别填记《铁路交通事故登记簿》（安监统 1），并建立《铁路交通事故分析会记录簿》。

以上台账长期保存。

二、事故分析

（一）事故分析报告的填写

有关部门、单位应按以下规定填写、传送、管理各种事故表报。

（1）各级安全监察部门须建立《铁路交通事故（设备故障）概况表》（安监报 1）和《铁路交通事故基本情况表》（安监报 3）的管理制度，规范统计、分析、总结、报送及保管工作。要及时补充填记“安监报 3”各项内容，事故结案后，必须准确填写。

铁路运输企业调度部门应当及时、如实填写《铁路交通事故（设备故障）概况表》（安监报 1），建立登记簿，进行统计分析，并制定管理制度。

铁路运输企业的专业部门应当建立“安监报 1”登记簿，认真统计分析。

（2）安全监管办须建立《铁路交通事故处理报告表》（安监报 2）管理制度。基层单位按要求做好填记上报。“安监报 2”保管 3 年。

（3）安全监管办于月、半年、年度后次月 5 日前填写《铁路交通事故报告表》（安监报 4），报铁路集团。“安监报 4”长期保存。

（4）安全监管办于月、半年、年度后次月 5 日前填写《铁路交通事故路外伤亡统计分析表》（安监报 5），报铁路集团。“安监报 5”长期保存。

（5）有从业人员伤亡的事故，事故发生单位填写《铁路作业人员伤亡概况表》（安监报 6-1），上报安全监管办；一般 B 类以上事故，安全监管办填写《铁路作业人员伤亡概况表》（安监报 6-1），上报铁路集团。

（二）事故分析报告提交时间

安全监管办于次月 5 日前（次年 1 月 10 日前），填写《铁路作业人员伤亡统计报表》（安监报 6-2），报铁道集团。

铁道集团所属铁路运输企业每月 27 日前将本月安全分析总结报铁道部安全监察司。企业内部各业务部门须按月、半年、年度，对本系统事故进行分析总结，向上级主管部门报告，并抄送安全监管办安全监察部门。

合资铁路、地方铁路、专用铁路须按月、半年、年度，对本单位事故进行分析，并报安全监管办。

专栏：

事故调查组的权利与工作内容

一、事故调查组的权利

事故调查组在履行事故调查职责时有以下权利：

（1）有权向有关单位和个人了解与事故有关的情况。事故发生单位的负责人和有关人员在事故调查期间不得擅离职守，并应当随时接受事故调查组的询问，如实提供有关情况。

（2）有权获得相关文件、资料。事故调查组根据事故调查工作的需要，有权向事故单位和相关部门、单位及个人调阅、复制相关文件、资料，有关单位和个人必须及时、如实提供，不得拒绝。

（3）事故调查处理，需要委托有关机构进行技术鉴定或者对铁路设备、设施及其他财产损失状况以及中断铁路行车造成的直接经济损失进行评估的，事故调查组应当委托具有国家规定资质的机构进行技术鉴定或者评估。技术鉴定或者评估所需时间不计入事故调查期限。

二、工作内容

事故调查组在进行铁路交通事故调查时，重点调查内容包括：查设备状态、质保期，查作业过程，查规章制度缺陷，查管理责任，查职工从业培训和岗位资格，查保安设施的性能、作用，查偶然事件触发因素，查上述各项相互叠加作用。其主要工作内容如下：

1. 了解事故发生的初步情况

事故发生后，事故调查组需要对事故现场进行初步勘察，以掌握人员伤亡、机车车辆脱轨、设备损坏等的初步情况，注意收集证据和数据，为顺利进行事故调查提供保证。

2. 事故调查通知

事故调查组在事故发生后应当及时通知相关单位和人员；一般B类以上、重大以下的事故（不含相撞的事故）发生后，应当在12小时内通知相关单位，接受调查。

3. 事故现场保卫及救援

负责维护事故发生地的社会秩序，依法打击组织盗窃铁路物资、破坏铁路设施的违法犯罪活动，协助组织群众从危险地区安全撤离；依法对事发地区道路交通实施交通管制，负责组织、协调、指挥火灾事故灭火救援工作，负责消防力量、资源的统一调配。

4. 事故的调查取证

（1）搜集事故现场物证、痕迹，测量并按专业绘制事故现场示意图，标注现场设备、设施、遗留物的名称、尺寸、位置、特征等。需要搬动伤亡者、移动现场物体的，应做出标记，妥善保存现场的重要痕迹、物证；暂时无法移动的，应予守护，并设明显标志。

（2）询问事故当事人及相关人员，收取口述、笔述、笔录、证照、档案，并复制、拍照。不能书写书面材料的，由事故调查组指定人员代笔记录并经本人签认。无见证人或者当事人、相关人员拒绝签字的，应当记录在案。

（3）对事故现场全貌、方位、有关建筑物、相关设备设施、配件、机动车、遗留物、致害物、痕迹、尸体、伤害部位等进行拍照、摄像。及时转储、收存安全监控、监测、录音、录像等设备的记录。

（4）收取伤亡人员伤害程度诊断报告、病理分析、病程救治记录、死亡证明、既往病历和健康档案资料等。

（5）有涂改、灭失可能或以后难以取得的相关证据进行登记封存。

（6）查阅有关规章制度、技术文件、操作规程、调度命令、作业记录、台账、会议记录、安全教育培训记录、上岗证书、资质证书、承（发）包合同、营业执照、安全技术交底资料等，必要时将原件或复印件附在调查记录内。

（7）对有关设备、设施、配件、机动车、器具、起因物、致害物、痕迹、现场遗留物等进行技术分析、检测和试验，组织笔迹鉴定，必要时组织法医进行尸表检验或尸体解剖，并写出专题报告。

（8）脱轨事故发生后，在全面调查的基础上，必要时应对事故地点前后一定长度范围内的线路设备进行检查测量，并调阅近期内该段线路质量检测情况；对事故地点前方（列车运行相反方向）一定长度的线路范围内，有无机车车辆配件脱落、刮碰行车设备的痕迹等进行检查，对脱轨列车中有关的机车车辆进行检查测量，并调阅脱轨机车车辆近期内运行情况监测记录。

5. 事故技术鉴定或者评估

事故调查中需要对相关的铁路设备、设施进行技术鉴定或者对财产损失状况以及中断铁路行车造成的直接经济损失进行评估的，事故调查组应当委托具有国家规定资质的机构进行技术鉴定或者评估。必要时，事故调查组可以直接组织专家进行技术鉴定。

6. 事故原因分析

随着事故调查的不断深入，事故调查组应多次召开事故分析会，从各专业角度理顺事故的制约关系，对于较多因素相互依存、互相制约的综合原因的发展和变化过程，要进行全过程、全方位、多角度的调查分析，从内在联系上分析事故发生过程的关键环节，确定排除造成事故可能性的依据，确定造成事故的原因。

7. 事故性质和责任确定

参与各事故调查组对事故的调查；对提取的物证进行确认，妥善保管事故物证；单独或配合公安部门对事故关系人员进行询问；独立确认事故的性质和责任；指导公安部门对事故现场进行录像和照相；对事故报告进行把关和会签。

8. 提出处理建议

事故调查组享有对事故责任者处理的建议权。事故调查组要准确认定责任主体，分清责任。处理建议应当体现权责一致、责罚相当、宽严相济的原则，于法有据。工会依法参加事故调查处理，有权向有关部门提出处理意见。

9. 编写（形成）事故调查报告

根据事故调查分析的情况，按照有关报告格式的要求，编写（形成）事故调查报告，按规定期限上报。

第15章 案例分析

近年来，我国铁路不断加强安全工作，为铁路安全生产工作作出了重要贡献。但是，由于列车超速、救援不当、施工作业防护不当或失效、机车车辆溜逸、错发行车凭证等多种原因，仍然发生了一定数量的事故，造成了一定的人员伤亡和财产损失。

以下事故或案例部分选自铁路内部文电、报纸、图书或者网络。尽管部分资料（特别是从网络获取的部分资料）缺乏铁路相关专业的严谨性，但是为了尊重资料来源及资料提供者，本书未作过多删节或更改。因此，各案例分析结论仅供使用本书的读者参考，不做任何其他用途。

案例一 2013年11月1日安阳东站高铁列车错进股道事故

一、事故概况

根据《××铁路局关于实行2013年“7.1”调整列车运行图的通知》（×铁运函〔2013〕400号）：G569运行区段为，安阳东为8道终到后，在8道始发安阳东至北京西G570。

2013年8月22日，总公司发布5560号命令：自2013年9月1日起至10月31日止，北京西至安阳东 G569 次由原来的安阳东终到改为新乡东终到、安阳东至北京西G570次调整为新乡东始发。自11月1日起G569/70次恢复基本图定运行区段。

2013年10月31日19点30分左右，调度所会同电务部门按照8月22日总公司发布的命令5560号，将G569/70次恢复为基本图定运行线，安阳东站到开股道为8道。

11月1日5时10分左右，调度所京广高铁台列车调度员在铺画运行图时，确认接发列车股道无误。

11月1日8时13分左右，调度所京广高铁台第二班列车调度员再次确认，G569次列车安阳东站接车股道为8道无误。

之后，京广高铁台列车调度员使用CTC接收邻台计划功能接收了邻局发送的错误计划，G569次计划进8道错误变为3道。因×公司CTC软件设计存在缺陷，导致原来正确的列车运行计划被北京局错误的列车运行计划覆盖。列车调度员没有发现该处错误。

11月1日14时18分，安阳东车站值班员发现G569次列车安阳东站接车进路错误进入3道后，并向列车调度员汇报。列车调度员立即用FAS电话呼叫G569次司机，但电话占线未呼叫到司机。随即指示安阳东站继续呼叫G569次司机。安阳东站多次呼叫后仍然呼叫不到，G569 次列车于 14 时 22 分到达安阳东站 3 道。

因安阳东站站场条件限制 3 道无法折返加开 G570 次，在 G569 次列车旅客下车后，列车调度员于 14 时 56 分安排 G569 次车底在安阳东—鹤壁东加开 0G1，15 时 11 分到达鹤壁东站。15 时 25 分鹤壁东站加开 0G2 次列车，15 时 38 分到达安阳东站 8 道。

16 时 15 分 G570 次安阳东站正点开出。

该事件被铁路总公司定性为××局调度所主要责任的一般 C8 类事故。

二、吸取教训

一是计划调度员简化工作程序。《高速铁路调度暂行规则》第 29 条规定：计划调度员于 9 时前与相关调度所交换动车组开行计划。10 月 31 日值班的计划调度员未严格执行此项规定，按照邻局与××局签订的分界站调度协议，未按规定提前与邻局交换动车组开行计划。

二是列车调度员盲目接收临局计划。CTC 设备交付调度所使用后，在 CTC 系统操作方面存在一些瑕疵，对调度指挥和动车组运行安全构成一定的安全隐患。列车调度员对邻局发送的错误的计划未加核对与甄别，盲目接收，造成原有正确计划被改变。

三是列车调度员监控不力。11 月 1 日值班列车调度员未对关键列车引起足够重视，对变更接车进路监控不力，未及时发现 G569 次安阳东站的接车进路错误，失去了防止事故发生的时机。

案例二　2014 年 11 月 14 日郑西高铁应急救援不当延误行车事故

一、事故概况

2014年11月14日9时11分，郑西高铁G652次在郑州西站至曹古寺线路所间587 km+538 m处停车，经救援后10时42分恢复行车。构成铁路交通一般D21事故，××局调度所应急指挥不力，延误行车，追究重要责任。

2014年11月14日9时11分，郑西高铁G652次（西安动车段CRH380AL-2637号、西安机务段司机）因“铁路数字移动通信系统（GMS-R）”两基站切换时发生应用数据传输误帧，导致“无线闭塞中心（RBC）”向列车车载“列车超速自动保护系统（ATP）”输出“无条件紧急停车”信息，造成G562次运行至郑州西站至曹古寺线路所间上行线587 km + 538 m处停车，经救援后10时42分恢复行车。

调度员没有搞清楚动车组两端受电弓是否同时处于无电区，进而采取了越区供电的方法救援，使一个简单的设备故障升级为一起应急处置不当的事故。

二、吸取教训

一是调度员业务不熟，受司机误导。列车调度员接到G652次列车司机汇报：列车停于无电区，停车地点距“合”电标志牌目视距离有200米。列车调度员与供电调度员确认G652次列车运行方向前车弓在有电区内，通知G652次列车进行更换受电弓的试验，G652次列车司机进行更换受电弓试验后仍汇报无电。在此情况下，因列车调度员、供电调度员、动车调度员、动车司机调度员业务不精，不清楚16辆编组动车组两受电弓间距，不敢坚持正确主张，受司机错误判断的误导。

二是供电调度员对重要信息的识别和判断能力不足。对司机反映的接触网无电这一错误信息，电调起初根据动车组所处位置判断接触网应该有电可以自救，虽一再坚持，但最终还是被误导，从而导致出现了之后一系列没有意义的应急处置，这也是处理时间过长的主要原因。

三是供电调度员缺乏应对突发状况的能力。实施越区供电时，当分相隔离开关发生“不定态”无法判定其实际状态时，调度员仅是立即通知供电人员赶赴现场，没有及时采取迂回供电等应急措施，一直等供电人员到达现场确认后才通知进行升弓自救。

案例三　2015 年 3 月 22 日贵阳北错办进路事故

一、事故概况

3月22日，在D3522晚点情况下，列车调度员未通过调度指挥系统对阶段计划进行调整，仅口头布置贵阳北站先接19道D3522次、后发18道D2813次。贵阳北站车站值班员办理时发现因CTC系统中D2813次发车序列在D3522次接车序列之前，且进路相互交叉，无法在CTC上通过自触方式发D3522次接车进路，故人为将D2813次发车序列删除，优先执行了D3522次接车序列。

办理完D3522次接车后，车站值班员在没有联系列车调度员更新序列的情况下，布置信号员人工排列了D2813次18道出发进路，信号员在排路过程中错误按压终端按钮，将本应排列为贵开下行的发车进路误排为上行发车进路。开放信号后，车站值班员、信号员又未认真确认进路，盲目通知D2813次司机于开车，造成动车组因进路无码停于站内GKG1-5区段。

二、吸取教训

CTC区段车站操作方式车站遇变更接发车计划时，应在列车调度员重新下达阶段计划、车站值班员对进路序列确认无误后依次选择“自触”“人触”人工排路方式准备进路。特殊情况下须使用强制执行时，必须确认无误后方可执行。

由于进路序列检查列车车次、股道、顺序、分歧方向等，一旦将进路序列删除，采用人工排列进路时将无法实现“对比”功能，不能对错排进路进行提示，所以对于未执行的进路序列，严禁擅自删除。

进路形成后须及时确认，确认无误后方可通知司机发车。

案例四　2015 年 6 月 17 日长沙动车所错办闭塞发出列车事故

一、事故概况

6月17日，广州动车段配属的CRH3C-3050号动车组计划开行55351次，由长沙动车所19道经动车走行B线进长沙南站武广场4道。列车编组8辆、总重427吨、换长18.3。

5时23分，因长沙动车所行车室值班员刘昊霖错误排列19道至动车走行C线的进路，将该动车组错误发出至动车走行C线。

5时28分，调度所发现长沙动车所错办发车进路后，根据值班副主任指示，5时39分将55351次接入长沙南站沪昆场24道停车，换端后5时47分开，6时01分经动车走行C线运行至长沙动车所13道，6时19分经动车走行B线出库至长沙南站武广场4道。

二、原因分析

长沙动车所行车室值班员违反《技规》（高速铁路部分）第285条“在扳动道岔、操纵信号时，认真执行‘一看、二扳（按）、三确认、四显示（呼唤）’”的制度，与调度所办理55351次列车预告后，发车前未认真核对线别，臆测行车，错误排列了55351次19道开往动车走行C线的发车进路，是造成此次事故的直接原因。

行车盯岗人员未对试运行列车的发车线别作出重点布置，对值班员的作业没有进行全过程盯控，擅自离开岗位，未有效防止错排进路的发生，是造成此次事故的重要原因。

根据《铁路交通事故调查处理规则》第十四条C9项，该事故构成铁路交通一般C类事故，列长沙车站全部责任，追究调度所隐瞒事故责任，按同等主要责任进行问责。

案例五　2015年10月6日A沪蓉线D2238次动车组ATP故障救援组织不当事故分析

一、事故概况

2015年10月6日12时50分，××局沪蓉线D2238次动车组（南昌局CRH2A2290＋2291）因列控显示屏（DMI）故障，触发七级常用制动，列车被迫停于石柱县至沙子站间K1478+324m处（电分相位置，请求救援。调度安排石柱县站热备内燃机车将故障动车组从尾部拉回站内。

D2238次动车组（CRH2A2290+2291）在石柱县站解编后，CRH2A2291单组动车继续开行D2238次，17时11分石柱县站开车。故障动车组CRH2A2290旅客换乘热备动车组（CRH2A2338），加开D4238次，17时17分石柱县站开车。耽误列车4小时26分，构成铁路交通一般D（D21）类事故。

二、原因分析

（1）D2238次CRH2A2290车组00车列控（DMI）显示器故障，导致列控车载设备触发紧急制动、耽误列车，是事故的直接原因。

（2）南昌车辆段CRH2A-2290随车机械师没有充分沟通和汇报情况，并果断采取更换DMI显示屏的处置措施，放弃最有效的处理方法。

（3）南昌车辆段随车机械师应急处置的业务知识不足、处理能力不够。

（4）重庆机务段动车组值乘司机（单班单司机）应急能力不足，处置不果断。一是在12时50分发生故障停车后，在没有及时提醒随车机械师注意请求救援时间（13时16分请求救援），请求救援不够及时；二是在动车组ATP黑屏故障（同时LKJ故障）但可以运行的情况下，没有依据《技规》第415条规定向调度建议采取列车退行的应急处理方式。

（5）重庆机务段司机组织协调和沟通不到位，收集和上报现场信息不全面。一是司机与随车机械师的沟通不足，随车机械师已经得知可以将非主控端显示器拆换至主控端使用的处置方法，但司机没有掌握该信息。二是14时07分司机在换端后启动ATP设备时，发现CRH2A-2291车的ATP黑屏，但没有留下证据（根据南昌电务段提供的数据分析，未发现ATP故障的迹象），没有通知机械师到场，特别是没有详细向调度员汇报LKJ正常的情况，也没有采取重启的处置措施。

（6）××局调度所收集现场信息不全面，制定的救援方案不够高效。一是没有通过司机与南昌局随车机械师充分沟通和了解情况，不掌握可以将非主控端显示器拆换至主控端使用的最有效、最合理的处理方法。虽然成都局相关应急预案中没有现场更换DMI显示屏的处理方法，但南昌局《列控车载设备（ATP）运用维护管理办法》[南铁办〔2014〕283号］第68条有明确规定。二是在得知动车组ATP黑屏故障（同时LKJ故障）但可以运行的情况下，没有考虑依据《技规》第415条规定采取列车退行的应急处理方式。三是通知司机换端确认CRH2A-2291（01车）的ATP设备情况，但在司机汇报黑屏的信息后，没有认真继续查问现场详细情况，不掌握LKJ正常的信息，也没有提醒司机重启处理，没有询问随车机械师是否在场。

（7）调度所启动热备动车组不果断、不及时。一是调度所在13时16分得到司机请求救援的报告后，没有同时启动热备动车组，在情况不明确、热备动车组安排有后续担当交路的情况下，就没有立即下发启动命令，在经过内部反复协调、讨论后，直到14时14分才下令启动重庆北站的热备动车组。二是铁路公安不在热备动车组上备班，但在启动重庆北站热备动车组的情况下，调度与铁路公安部门提前协调沟通不够，铁路公安乘警直到15时12分才赶到热备动车组上，导致热备动车组在重庆北站晚开，16时22分才到达石柱县站转运旅客。

（8）南昌电务段应急处理联系协调不到位。

（9）重庆公安处乘警支队应急出动不够及时，预想不足。

（10）重庆车站和重庆客运段没有充分预想跨局动车组需上乘警的特殊情况，没有向上级报告和横向沟通。

案例六　2019 年 9 月 7 日韶关站 G1104 次故障处置延误行车

一、事故概况

2016年9月7日8时40分，G1104次（CRH380AL-2583号）在韶关站6道开车后因5号车不明原因降弓停于韶关站6道K2066 + 585 m处下车检查。

8时46分取消6道G1104次出发进路计划办理G86通过，因G86次（CRH380A-2663+2664号）列车行车许可无法延伸，被迫停在韶关站内停车。

9时00分G1104次司机汇报随车机械师下车检查未发现异常，换弓并重启ATP后于9时18分以C2模式开车。

9时20分，G1104次因速度过低停于韶关站至乐昌东站间上行线K2065 + 221 m分相内（12.71‰上坡道），经确认运行方向第一架受电弓（13号车前弓）已越过无电区后于9时57分开。

10时00分G86开车，10时06分因速度过低停于韶关站至乐昌东站间上行线K2065 + 129 m分相内（坡度：12.71‰），经确认运行方向第一架受电弓（14号车前弓）已越过无电区后于10时30分开。

二、原因分析

G1104次在韶关站发车时，列车停车位置已越过BS6有源应答器组，接近6道北头绝缘节，车载发给RBC8的位置报告显示列车已经越过S6发车信号机（实际没有越过），在取消6道发车信号时，RBC8给列车发送UEM包（紧急停车），列车接收并进入冒进模式。

G1104次进入冒进模式后，占用了RBC8分配给韶关站上行出站口的行车许可，导致G86次通过韶关站行车许可不能延伸。

G1104次司机按压“确定”键使ATP进入C3冒进后模式，RBC8分配给韶关站上行出站口的行车许可得到释放，恢复正常。

三、经验教训

（1）取消进路严格按《高铁技规》287条执行，对站内启动后停车的要落实停车位置和确认是否有异常。

第287条　人工办理时，开放信号机的时机在高速铁路《行车组织细则》中规定。出站信号机已开放或行车凭证已交付，如需取消发车进路，列车调度员（车站控制时为车站值班员）应与司机联系，确认列车尚未起动，收回行车凭证后，再取消发车进路。

（2）对越过应答器停车且前方有分相的，应提醒司机，并根据司机的申请退行闯分相。

（3）韶关上行、衡山西上行、长沙南武广场下行出站不远便是分相，低速放行列车时须落实司机是否能过分相。

参 考 文 献

[1] 中国铁路总公司. 铁路技术管理规程（高速铁路部分）[M]. 北京：中国铁道出版社，2014.
[2] 中国铁路总公司. 铁路技术管理规程（普速铁路部分）[M]. 北京：中国铁道出版社，2014.
[3] 中国铁路总公司.《铁路技术管理规程》（高速铁路部分）条文说明（上册）[M]. 北京：中国铁道出版社，2014.
[4] 中国铁路总公司.《铁路技术管理规程》（高速铁路部分）条文说明（中册）[M]. 北京：中国铁道出版社，2014.
[5] 中国铁路总公司.《铁路技术管理规程》（高速铁路部分）条文说明（下册）[M]. 北京：中国铁道出版社，2014.
[6] 铁道部. 铁路技术管理规程[M]. 10版. 北京：中国铁道出版社，2006.
[7] 铁道部. 铁路行车事故处理规则[M]. 北京：中国铁道出版社，2000.
[8] 铁道部. 列车运行图编制管理规则[M]. 北京：中国铁道出版社，2008.
[9] 胡德臣. 技规导读[M]. 北京：中国铁道出版社，2000.
[10] 徐志胜，姜学鹏. 安全系统工程[M]. 2 版. 北京：机械工业出版社，2012.